Vom Weizenkorn zum Osterei

Bibliografische Information Der Deutschen Bibliothek

Die Deutsche Bibliothek verzeichnet diese Publikation in der Deutschen Nationalbibliografie; detaillierte bibliografische Daten sind im Internet über http://dnb.ddb.de abrufbar.

© 2018 Verlag Junge Gemeinde
Leinfelden-Echterdingen
Umschlag: Kai Serfling, Leipzig
Typografie und Gestaltung:
Cornelia Braun, Ostfildern
Peter Hitzelberger, Stuttgart
Druck und Bindung: Pbtisk a.s., Pribram, Tschechische Republik

ISBN 978-3-7797-2125-3

Rainer Ollesch, David Ruddat, Frank Widmann (Hg.)

Vom Weizenkorn zum Osterei

Projekte, Gottesdienste und viele kreative Ideen zur Passions- und Osterzeit

Inhalt

Seite

Frank Widmann
Vorwort
Alles in neuem Licht 8

Projekte in der Passions- und Osterzeit

Gabriele Gohl
»Denn unser Wissen ist Stückwerk«
Gestaltung eines Kreuzwegs in Form eines Mosaiks
Matthäus 21,26-28 i.A.; Lukas 24 10

Frank Widmann
»Kommt, es ist alles bereit«
Mit älteren Kindern das Abendmahl vorbereiten
Lukas 19,1ff; Lukas 14,15ff; Lukas 22,7ff; Lukas 24,13ff; 1. Korinther 11,17ff 13

Gottesdienste

Heidrun Viehweg
Zeichen am Kreuzweg
Eine symbolische Gestaltung mit Salböl, Kelch und Dornenkrone
Matthäus 26 u. 27 20

Katharina Pött
Wegzehrung in dunkler Nacht
Ein Abendmahlsgottesdienst für Jung und Alt am Gründonnerstag
Matthäus 26,17-35 22

Heidrun Viehweg
Hoffnung geben
Ein Familiengottesdienst mit Pantomime und Auferstehungskreuz zu Ostern
Matthäus 5,1ff 26

Rainer Ollesch
Wir müssen nicht schwarz sehen
Ostergottesdienst mit einer Geschichte – mit Musik, Taufe und Taufgedächtnis
Matthäus 28,1-10 29

Rainer Ollesch
Der Torwächter erzählt
Familiengottesdienst zu Ostern
Lukas 24,13-35 31

Rainer Ollesch
Ganz oben und ganz nah
Open-Air-Gottesdienst an Christi Himmelfahrt
Apostelgeschichte 1,3-14 35

Gottfried Mohr
Von Gottes Geist ergriffen
Ein festlicher Kindergottesdienst zu Pfingsten
Apostelgeschichte 2,1-13 40

Bausteine für Gottesdienste, Andachten und Kinderbibeltage

Birgit Schniewind
»Der Herr ist auferstanden«
Eine Erzählung mit einem Storybag
Matthäus 26-28 i. A. 46

Karin Riedel / Uli Gutekunst
Mein Osterkreuz
Eine Bastelarbeit
Matthäus 26-28 i.A. 48

Andreas Weidle / Dieter Kani
Passion und Ostern nach Matthäus
Gespräche eines heutigen Jungen mit Jesus
Matthäus 26-28 i.A. 51

Frank Widmann
Die letzten beiden Tage
Eine Lesung der Passionsgeschichte
Markus 14 u. 15 53

Rainer Ollesch
Begegnungen mit Folgen
Drei perspektivische Erzählungen
Markus 15 u. 16 i.A. 55

Charlotte Altenmüller
Kreuzweggeschichten
Fünf kurze Ich-Erzählungen
Lukas 22-24 i.A. 57

Peter Wolff, Iris Lang
Die Ostergeschichte nach Lukas
Eine Erzählung mit Biblischen Erzählfiguren
Lukas 24,1-12 62

Elisabeth Zimmermann
Komm mit ins Labyrinth des Lebens
Ein Kinderbibeltag in der Osterzeit
Lukas 24,13 ff 69

Rüdiger Maschwitz
Neu auf den Weg geschickt
Ein längerer Kindergottesdienst bzw. ein Familiengottesdienst zu Ostern
Lukas 24,13-35 74

Rainer Ollesch
Nicht allein
Aus einem Gottesdienst mit Erzählpantomime zur Emmaus-Geschichte
Lukas 24,13 ff 78

Irmgard Kaschler
Das Osterwunder
Ein Anspiel zum Familiengottesdienst an Ostern
Johannes 20,11-18 81

Anke Schäfer, Alma Grüßhaber
Wie das Ei zum Osterei wurde
Ein Anspiel für einen »Gottesdienst für Alle« mit Frühstück am Ostersonntag
Nach einer alten christlichen Legende 84

Jutta und Friedrich Behmenburg
Paulus – ein später Osterzeuge
Szenen für einen Ostergottesdienst
Apostelgeschichte 9,1-31 86

Rüdiger Maschwitz
Von der Kraft, die Leben schafft
Ein Baustein für einen Familiengottesdienst an Pfingsten
Apostelgeschichte 2 89

Kreativ durch die Passions- und Osterzeit

David Ruddat
Jesu Weg vom Einzug in Jerusalem bis zum Tod am Kreuz
Ein Bodenbild mit Tüchern und Gegenständen am Karfreitag
Matthäus 21-27 i.A. 92

Karin Riedel, Uli Gutekunst
Oster-Fensterbild
Eine Bastelarbeit
Lukas 22-24 i.A. 94

Karin Riedel, Sabine Fleischmann
Oster-Mobile
Eine Bastelarbeit
Johannes 20 u. 21 i.A. 100

Helga Striebel
Vom Weizenkorn zum Osterei
Passions- und Ostersymbole für die Kleinen 103

Karin Riedel, Uli Gutekunst
Kreuzmemory
Ein Spiel zur Passions- und Ostergeschichte 107

Simone Straub
Osterentdeckungstour
Ein Stationengang durch die Passions- und Ostergeschichte für Ältere 119

Frank Widmann
»Hosianna! Er ist da«
Gestaltungsideen zu einem Palmsonntags-Lied 123

Frank Widmann
»Nie mehr geh ich ganz alleine«
Gestaltungsideen zu einem Oster-Lied 126

Lieder

Hosianna! Er ist da	123
Im Dunkel unsrer Nacht	24
Möge der Segen Gottes mit dir sein	25
Nie mehr geh ich ganz allein	126
Up on the mountain top	43

Hinweise

Einige Beiträge dieses Buches wurden zuerst im »Materialdienst des Rheinischen Verbands für Kindergottesdienst« veröffentlicht. Wir danken für die Überlassung zur nochmaligen Veröffentlichung und nennen nachfolgend die Beiträge und die Ausgaben der Erstveröffentlichung:

- *Zeichen am Kreuzweg Jesu: Nr. 81 (2009-1) S. 17 f.*
- *Hoffnung geben: Nr. 83 (2010-1) S. 34-36*
- *»Der Herr ist auferstanden«: Nr. 81 (2009-1) S. 30 f.*
- *Komm mit ins Labyrinth des Lebens: Nr. 75 (2006-1) S. 54-59*
- *Neu auf den Weg geschickt: Nr. 79 (2008-1) S. 15-18*
- *Wie das Ei zum Osterei wurde: Nr. 73 (2005-1) S. 19-22*
- *Paulus – ein später Osterzeuge: Nr. 71 (2004-1) S. 24-27*
- *Von der Kraft, die Leben schafft: Nr. 81 (2009-1) S. 25 f.*

Kostenloses Zusatzmaterial zu diesem Buch steht als Download für Sie bereit unter:
https://www.junge-gemeinde.de/vom-weizenkorn-zum-osterei.html

Weitere Angaben zu dessen Inhalt an der entsprechenden Stelle im Buch.

Abkürzungsverzeichnis

EG	*Evangelisches Gesangbuch (Stammteil EG 1-535), Hannover*
EG RT	*Evangelisches Gesangbuch (Regionalteil EG 536 ff.)*
KG	*Das Kindergesangbuch, Claudius Verlag, München*
KKH	*Kinder-Kirchen-Hits, 80 religiöse Kinderlieder, Verlag Junge Gemeinde, Leinfelden-Echterdingen*
KKL	*Das Kirche mit Kindern Liederbuch, hg. vom Rheinischen Verband für Kindergottesdienst, Wuppertal*
KuS	*Kommt und singt, Neuausgabe 2015 des »Liederbuch für die Jugend«, Gütersloher Verlagshaus, Gütersloh*
LH 1+2	*Das Liederheft für Kirche mit Kindern, Band 1+2, Arbeitsbereich Kindergottesdienst im Michaeliskloster, Hildesheim*
LJ	*Liederbuch für die Jugend, Gütersloher Verlagshaus, Gütersloh (s. jetzt Neuausgabe: Kommt und singt)*
MKL 1+2	*Menschenkinderlieder, Band 1+2, Zentrum Verkündigung der Evang. Kirche in Hessen und Nassau, Frankfurt*

Alles in neuem Licht

Liebe Leserinnen und Leser,
Dass Jesus leidet, sterben muss und wieder aufersteht, spielt im Neuen Testament eine bestimmende Rolle. So sehr, dass man die Evangelien als »Passionsgeschichten mit ausführlicher Einleitung« (Martin Kähler) bezeichnet hat. Im Kindergottesdienst fristen die Leidens- und Ostergeschichten aber bisweilen ein Schattendasein. Gegenüber Advent und Weihnachten fallen sie ab. Die Auferstehung fällt manchmal sogar aus, weil an Ostern wegen der Schulferien keine Kinderkirche stattfindet.
Mit den Beiträgen dieses Buches möchten wir die Leidens- und Ostergeschichten ans Licht holen und anregen, ihnen in Gottesdiensten mit Kindern und Familien Raum zu geben.

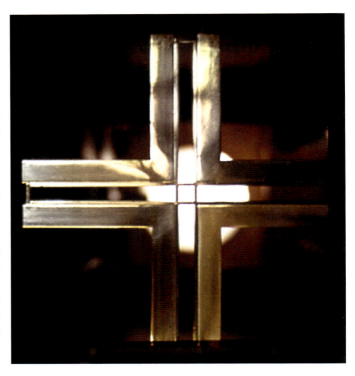

- Manchmal denken wir: Die Leidensgeschichte ist für Kinder zu trübe und trostlos. Dabei brauchen Kinder auch solche ernsten und finsteren Geschichten, schließlich erfahren sie auch aus den Nachrichten oder aus der Zeitung von schreiendem Unrecht und bitterer Gewalt. Wir dürfen Kindern nicht nur von einer vermeintlich heilen Welt erzählen.

- Gott kommt uns im Leiden Jesu unglaublich nahe. Jesus ist ein hilfloser, gequälter Mensch. Er teilt das schlimmste Schicksal, das Menschen widerfahren kann. Nirgends können wir jetzt mehr gottverlassen sein. Kein Dunkel ist so dunkel, dass nicht Gottes Licht dort noch leuchtet. Davon müssen Kinder unbedingt hören.

- Die Auferstehung ist ein unbeschreibliches Geheimnis. Dass Jesus nach zwei Tagen seinen Freundinnen und Freunden wieder lebendig begegnet, das begreift unser Verstand kaum. Etwas Unmögliches ist da geschehen, und so richtig anschaulich ist es auch nicht. Wir haben die Erzählungen von Zeugen, Beweise kann es dagegen kaum geben. Auch wenn wir Erwachsenen uns bisweilen damit schwer tun, sollen Kinder die Wahrheit von Ostern erfahren: Jesus lebt und wir werden auch leben. Am Ende siegt das Leben.

- Ohne Ostern bleibt die Passion in der Tat finster. Dass Jesus den Tod überwindet, lässt uns jedoch alles, was davor war, in neuem Licht sehen.

In den frühesten Handschriften des Markusevangeliums fehlen die letzten Abschnitte, die wir in unseren Bibeln finden. Ursprünglich endete es also höchstwahrscheinlich mit den Versen 1-8 des 16. Kapitels. Und dieser Schluss ist höchst verwirrend: Die Frauen fliehen panisch vom leeren Grab, nachdem ihnen ein Engel gesagt hat: »Der Gekreuzigte ist auferstanden. Sagt den Jüngern, sie sollen nach Galiläa gehen. Dort werdet ihr Jesus sehen.« Die Osterfreude zündet (zuerst noch) nicht. So kann man doch keine Geschichte aufhören lassen!

Dabei ist das eine Anweisung für die Leserinnen und Leser: »Wenn ihr hier angekommen seid, geht wieder zum Anfang zurück. Beginnt dieses Evangelium noch einmal von vorne. Lest, wie es mit Jesus angefangen hat, damals in Galiläa. Und ihr werdet alles in neuem Licht sehen. Von der Auferstehung her werdet ihr verstehen, wer Jesus ist. Von da her werdet ihr erkennen, was er getan hat und was er euch bringt: Gottes Liebe, starkes Vertrauen, helle Freude, eine wunderbare Hoffnung und neues Leben. Alles, sein ganzes Wirken, die ganze Welt, ja, euer ganzes Leben, steht jetzt in einem neuen Licht.«

Frank Widmann

Projekte in der Passions- und Osterzeit

»Denn unser Wissen ist Stückwerk«
Gestaltung eines Kreuzwegs in Form eines Mosaiks

(Matthäus 21,26-28 i.A.; Lukas 24)

Autorin: Gabriela Gohl

1. Vorüberlegungen

Wie kann das Unfassbare, das an Karfreitag und Ostern geschehen ist, für Kinder und Erwachsene erfahrbar gemacht werden?
Eine lange Tradition hat der Kreuzweg. Bei diesem Projekt werden die biblischen Inhalte des Kreuzwegs als Mosaik an sieben Sonntagen kreativ umgesetzt und auf einem Holzkreuz gestaltet.
(Ideen für eine kostengünstigere und weniger aufwendige Variante s.u., 2. Durchführung.)

Ein Mosaik zeichnet sich einerseits durch seine außerordentliche Haltbarkeit aus, andererseits werden bei einem Mosaik viele verschiedene Teile und Bruchstücke zu einem größeren Ganzen zusammengefügt. So spiegelt das entstehende Mosaikkreuz ganz individuell seinen Entstehungsprozess wider und alle Beteiligten können ihren Beitrag im Gesamtbild wiedererkennen. Das fertige Kreuz kann dann zum Beispiel einen Gemeinderaum schmücken oder als liturgisches Element in der Kinderkirche genutzt werden.
Der beschriebene Kreuzweg umfasst sieben Stationen. Der Zeitrahmen beträgt ca. eine Stunde pro Einheit.
Die Kinderkirche der Münstergemeinde Ulm hat das Projekt in der Passions- und Osterzeit umgesetzt. Das dabei entstandene Mosaikkreuz befindet sich jetzt im Ulmer Münster an einem Kerzentisch.

2. Durchführung

Material und Werkzeuge
- Reste von bunten Keramikfliesen
- Fliesenzange, Hammer, Nägel, Pinzette
- Glasmosaiksteine, Glasmosaikzange
- Kiesel für den Weg
- Spiegelreste
- alte Münzen
- Metallkette
- ein Stück Stacheldraht
- Fliesenkleber und Fugenmasse
- Selbstklebefolie zum Sichern der Motive
- Grundierung
- Holzkreuz aus Leimholz
  (Bretter ca. 18 mm dick und 20 cm breit)
  Maße des verwendeten Kreuzes:
  Höhe: 2,00 m, Breite: 1,20 m

Bezugsquellen
- Baumarkt
- Fliesenfachgeschäfte
- Mosaik Haus Plochingen, Bahnhofstr. 1,
  73207 Plochingen (www.mosaik-haus.de)

Materialkosten ca. 100,00 € (Sparmöglichkeiten: Werkzeuge ausleihen von Bastlern; Reste von Fliesen beim Fliesenleger oder bei Bastlern erbitten.)

Material für kostengünstigere und weniger aufwendige Varianten: Quadrate schneiden aus ...
a) ... buntem Glanzpapier und Spiegelfolie; auf ein Tonpapierkreuz aufkleben und an die Wand hängen.
b) ... buntem Transparentpapier; auf ein weißes Transparentpapierkreuz kleben und ans Fenster hängen.
Das weitere Vorgehen für a) und b) wird im Folgenden nicht extra beschrieben.

Um eine ausreichende Haftung des Fliesenklebers zu erreichen, wird das Holzkreuz zunächst grundiert. Dann legen die Kinder im unteren Teil des Kreuzes einen Weg aus Schieferbruchstücken und Kieselsteinen. Dieser Weg wird mit Fliesenkleber fixiert. Am Wegesrand kommen dann über die Sonntage verteilt die symbolischen Elemente für die einzelnen Stationen dazu (Palmzweige, Brot und Kelch, Hahn, Engel, Blüten, …).
Das Aufkleben der Mosaiksteine sollte von einer Person übernommen werden, die mit dieser Technik schon etwas vertraut ist. Vielleicht findet sich jemand unter den Kinderkirchmitarbeitern, in der Gemeinde oder in der Elternschaft, der schon Erfahrung mit Mosaikarbeiten hat und die Kinderkirche bei diesem Projekt unterstützen bzw. die benötigten Werkzeuge zur Verfügung stellen kann.
In den Kreativphasen werden die verschiedenen Motive von den Kinderkirchkindern nur gelegt bzw. angeordnet. Die Motive werden dann mit einer Selbstklebefolie (Bucheinbandfolie) gesichert und von Mal zu Mal von der verantwortlichen Person aufgeklebt. Zum Schluss wird das Mosaik ausgefugt und erhält dadurch seine endgültige Stabilität.

Projekte: »DENN UNSER WISSEN IST STÜCKWERK«

Literatur:

Chavarria Joaquim, Mosaik. Ein umfassendes Anleitungsbuch für einfache und anspruchsvolle Projekte, Haupt Verlag, Bern, Stuttgart, Wien 1998, ISBN 978-3-258-05840-5

Cheek Martin, Mosaik. Das Ideenbuch. Haupt Verlag, Bern, Stuttgart, Wien 1999, ISBN: 978-3-258-05908-2 (nur noch antiquarisch erhältlich)

3. Bausteine für die Stationen des Kreuzwegs

Den Erzählungen wird die Neukirchener Kinderbibel zugrunde gelegt.

(Irmgard Weth, Kalenderverlag des Erziehungsvereins, Neukirchen, ISBN 978-3-920524-52-8)

Nach der Erzählung wird gemeinsam mit den Kindern erarbeitet, welche Symbole dem Mosaik passend zur Geschichte hinzugefügt werden könnten.

Im Folgenden werden Vorschläge für die Motive gemacht.

1. Sonntag: Einzug in Jerusalem
(Matthäus 21,1-11)

Gestaltungsidee
Ein steiniger Pfad aus Schieferbruchstücken symbolisiert den schweren Weg, der vor Jesus liegt.
Palmzweige als Symbol für seine königliche Würde säumen den Weg.

2. Sonntag: Das letzte Abendmahl
(Matthäus 26,20-29) ▶

Gestaltungsidee
Brot und Kelch werden aus braunen und roten Scherben gestaltet und ebenfalls am Wegrand angeordnet.

3. Sonntag: Gefangennahme
(Matthäus 26,36-56)

Gestaltungsidee
Dunkle Labyrinthe und Schwerter am Rand des Weges stehen für den Garten Gethsemane, eine Kette für die Gefangennahme, Münzen für den Verrat des Judas.

4. Sonntag: Verleugnung des Petrus
(Matthäus 26,69-75)

Gestaltungsidee
Als Symbol für die Verleugnung und die Traurigkeit des Petrus legen wir einen bunten Hahn und für die Tränen Glasperlen auf den linken Querbalken unseres Kreuzes. ▼

Projekte: »DENN UNSER WISSEN IST STÜCKWERK«

5. Sonntag: Jesus stirbt am Kreuz
(Matthäus 27,31-54)

Gestaltungsidee
Der Schieferweg verdichtet sich im Zentrum des Kreuzes zu einer Spirale. Für die Marterwerkzeuge verwenden wir Nägel, für die Dornenkrone ein Stück Stacheldraht.

Als Symbol für den zerrissenen Vorhang zerschlägt ein Erwachsener eine Spiegelfliese: Zunächst wird die Spiegelfliese auf der Rückseite komplett mit Kreppband abgeklebt, auf die Vorderseite gelegt, mit einem Handtuch abgedeckt und von der Rückseite her zerschlagen. Durch das Kreppband werden die Scherben noch zusammengehalten. Der Spiegel, der vorher ein klares Bild wiedergegeben hat, zeigt dann nur noch ein gebrochenes Bild. Diesen Unterschied sollte man den Kindern zeigen und auch von ihnen beschreiben lassen. Diese Spiegelbruchstücke werden dann am letzten Sonntag für das Ostergeheimnis verwendet.

6. Sonntag: Jesus erscheint den Frauen *(Matthäus 28,1-10)*

Gestaltungsidee
Mit den hoffnungsvollen Motiven des neuen Lebens wird nun der rechte Querbalken des Kreuzes gestaltet: der Engel am Grab, Blüten und Schmetterlinge für den Ostergarten.

7. Sonntag: Ostern, ein Geheimnis – Emmaus
(Lukas 24,13-35)

Gestaltungsidee
Der steinige Schieferweg öffnet sich nach oben als Spiegelbahn. Als Zeichen für die Osterfreude gestalten wir aus gelben und roten Scherben die Sonnenstrahlen des hereinbrechenden Osterlichtes.

Mosaikkreuz in der Münsterkirche Ulm – Gesamtansicht ▶

»Kommt, es ist alles bereit!«
Mit älteren Kindern das Abendmahl vorbereiten

(Lukas 19,1ff; Lukas 14,15ff; Lukas 22,7ff; Lukas 24,13ff; 1. Korinther 11,1ff)

Autor: Frank Widmann

1. Vorüberlegungen

Um das Jahr 2000 haben ganz viele Landeskirchen entschieden, auch Kinder zum Abendmahl einzuladen. Dahinter stecken theologische Argumente:

• **Das Abendmahl geht nicht zuerst in den Kopf.**
Wir bekommen Brot und Wein in die Hände, wir sehen, riechen und schmecken. Wir erfahren an Leib und Seele, wie Jesus Christus gegenwärtig ist und uns nahe kommt. Deshalb finden Kinder auf ihre Art Zugang zum Abendmahl: durch die Erfahrung und elementar.

• **Das Abendmahl muss nicht dauernd erklärt werden.**
Für Kinder (vielleicht auch für Erwachsene) ist es wichtiger, zu erzählen, zu hören und zu spüren, was es bedeutet. Kinder brauchen Abendmahlsfeiern, die so gestaltet sind, dass der Sinn sich von selbst erschließt. Die Symbole und Handlungen bei den Abendmahlsfeiern sprechen für sich.

• **Wann hat man genug verstanden?**
Niemand hat immer alles gleichzeitig im Kopf. Einmal ist mir das Eine wichtig, dann erschließt sich mir etwas Anderes. Wir sind in unserem Glauben immer unterwegs.

• **Auch Kinder wollen verstehen, was sie tun.**
Kinder sind sehr wohl kleine Theologen. Sie brauchen auch Gelegenheiten, die Erfahrungen bei Abendmahlsgottesdiensten mit anderen zu durchdenken. Sie sollen auch selber ausdrücken können, was da geschieht. Dabei muss man mit ihnen ihrem Alter gemäß ins Gespräch kommen.

• **Das Abendmahl gibt viel zu denken (und zu erfahren).**
Viele biblische Geschichten vom Essen und von der Mahlgemeinschaft geben den Abendmahlsfeiern Substanz in ihrer Verkündigung.

• **Es geht (auch) um Schuld und Vergebung.**
Dabei muss man niemandem ein schlechtes Gewissen machen. Aber auch Kinder erleben Schuld: als »Opfer« und als »Täter«. Diese Erfahrungen gehören ins Abendmahl, aber vor allem die Freude: Gott ist gut mit uns. Er vergibt uns.«

• **»Wer Gottes Reich nicht empfängt wie ein Kind …«**
Vielleicht nehmen Kinder das Abendmahl eher spielerisch, aber das heißt nicht, mit weniger Ernst. Jugendliche und Erwachsene können dabei viel von den Kindern lernen.

Gerade in der Passions- und/oder Osterzeit bietet es sich an, im Kindergottesdienst oder auch in einem Familiengottesdienst Abendmahl zu feiern. Übrigens sehen die meisten Kirchen vor, dass ein Pfarrer oder eine Pfarrerin das Abendmahl mitfeiert. Deshalb muss eine solche Feier auf jeden Fall mit dem zuständigen Pfarramt abgesprochen und möglicherweise geplant werden. In die Vorbereitung können vor allem ältere Kinder (11-13jährige) einbezogen werden.

Anhand von Tischgeschichten hauptsächlich aus dem Lukasevangelium nähern sich Kinder (auch gedanklich) dem Abendmahl an. Im Folgenden finden sich spielerisch-kreative Anregungen zu den jeweiligen Geschichten. Dabei werden kleine »Beiträge« für die gemeinsame Abendmahlsfeier gesammelt.

14 Projekte: »Kommt, es ist alles bereit!«

2. Zachäus

Lukas 19,1-10

Ältere Kinder haben ein starkes Gerechtigkeitsempfinden. Sie können klar benennen, was andere Schlechtes tun. (Bei sich selber sind sie oft nicht so scharf.) Nun war Zachäus kein bedauernswerter Außenseiter, kein »armes Opfer«, sondern selbst Täter: Er hat betrogen, hat sich mit der Besatzungsmacht eingelassen, hat vielleicht sogar ihre Götter verehrt. Die Kinder werden ihn wenig sympathisch finden, sondern sich vielleicht mit den Schriftgelehrten über Jesus ärgern. Zachäus hat es ja verdient, ausgeschlossen zu werden.

Auf der anderen Seite könnten Kinder in der Gruppe sein, die in der Schule »gemobbt«, also ausgegrenzt und schikaniert, werden. Dann identifizieren sie sich eventuell mit Zachäus, der nicht durchgelassen wird, der nicht dazugehören darf. Da bedarf es im Gespräch Fingerspitzengefühls.

Spielerische und kreative Elemente

• **»Ausgrenzen« (Spiel)**
Die Kinder fassen sich in einem engen Kreis an den Händen. In der Mitte liegt ein »Schatz« (Süßigkeit, Plüschtier oder Ähnliches). Ein Kind steht außen und möchte an den »Schatz« herankommen. Die Kinder im Kreis haben die Aufgabe, ihn davon abzuhalten. Nun wandert aber ein kleiner Ball (o.ä.) im Kreis von Hand zu Hand. Das heißt: An einer Stelle ist der Kreis immer offen. Hier hat der Äußere eine Chance durchzukommen. Schlagen und heftiges Stoßen sollten die Mitarbeitenden nicht zulassen, ein bisschen Spaß und »action« darf aber sein.

• **Freunde kaufen (Gespräch)**
Eine Anzahl Schoko-Herzen und Schoko-Münzen (o.ä.) stehen bereit. Zwei Teller bilden symbolisch eine Waage. Jedes Kind darf je ein Herz (links) und eine Münze (rechts) auf die »Waage« legen. Die Münze steht als Symbol dafür, was man mit Geld alles anfangen kann. Mit den Herzen wird zusammengetragen, wozu Freunde gut sind. Schließlich stellt jemand die Frage: »Was wiegt mehr: Freundschaft oder Reichtum?« Und vielleicht auch: »Kann man Freunde kaufen?«

Beiträge für eine Abendmahlsfeier

• **Ein Lied einüben**
Die »Großen« üben für sich das Lied »Gib mir ein Stück vom Brot ab« (KuS 284) oder ein anderes Abendmahlslied. Das können sie dann bei der Abendmahlsfeier den anderen beibringen. Man kann das Lied mit Bewegungen gestalten.

Gib mir ein Stück vom Brot ab

Bewegungen zum Lied

Refrain
Gib mir ein Stück vom Brot ab.
Die linke Hand offen nach vorne strecken.
Du siehst ja, dass ich leere Hände hab.
Auch die rechte Hand offen nach vorne strecken.
Gib mir ein Schlückchen aus dem Kelch auch,
Mit beiden Händen vor dem Körper einen Becher formen.
dann hab ich, was ich brauch.
Beide Hände vor dem Körper zu einer Schale formen.

Text und Melodie: Frank Widmann

Projekte: »Kommt, es ist alles bereit!«

1. Jesus lädt alle ein, er gibt ein Fest.
Beide Arme einladend ausbreiten.
Keiner bleibt da allein.
Die Hände mit den Nachbarn fassen.
Kommt doch! Macht alle mit bei diesem Fest!
Die gefassten Hände nach oben strecken.
Und Gott wird bei uns sein.
Beide Arme weit nach oben strecken.

2. Jesus öffnet die Tür zu Gottes Welt
Öffnende Bewegung mit dem linken Arm.
so weit, dass man es spürt.
Öffnende Bewegung auch mit rechtem Arm.
Streit und Ärger verfliegt in dieser Welt,
Die Unterarme mit geballten Fäusten vor dem Körper kreuzen, dann nach unten öffnen.
weil er uns tief berührt.
Arme vor der Brust kreuzen und je an die Oberarme fassen.

3. Jesus nimmt von uns weg, was uns bedrückt,
Mit der rechten Hand von der linken Schulter an über den Oberarm streichen.
was das Leben verbiegt,
Mit der linken Hand von der rechten Schulter über den Oberarm streichen.
wofür er uns mit Freude reich beglückt,* Arme jubelnd nach oben strecken.*
die alles überwiegt.
Hände der Nachbarn oben fassen.

- **Befreiungsszenen (Spiel)**
Überlegt euch zwei, drei kleine Szenen, die darstellen, wo jemand sich alleine fühlt und dann doch »Anschluss« findet. Oder wo das »Tischtuch zerschnitten ist« (= wo Streit herrscht) und der/die andere einem verzeiht. Stellt das pantomimisch dar, damit ihr es dann vorspielen könnt.

3. Das große Abendmahl

Lukas 14,15-24

Ältere Kinder haben womöglich beides schon erlebt: Zum einen halten sie es sich selber bis zum Schluss offen, ob sie eine Einladung annehmen. Sie sagen vielleicht in letzter Minute ab, weil noch etwas »Besseres« gekommen ist. Zum anderen kennen sie die Enttäuschung, wenn sie etwa zur Geburtstagsfeier einladen und sich viele entschuldigen oder faule Ausreden finden. Sie werden das Gleichnis vom Großen Gastmahl also gut verstehen. Sie können es bestimmt auch gut mit der Situation Jesu zusammenbringen: Er lädt alle ein, doch die einen wollen nicht (Pharisäer, Schriftgelehrte). Dafür sucht er sich andere Leute zusammen (Zöllner, Kranke, Ausgeschlossene).

Spielerische und kreative Elemente
Brot backen
Die Großen könnten Brot oder Brötchen backen. Dazu bringen die Mitarbeitenden den fertigen Teig mit. Das Brot wird im Anschluss miteinander gegessen oder für die spätere Abendmahlsfeier tiefgefroren.

Beiträge für eine Abendmahlsfeier
Tisch decken
Die Älteren bereiten für die Abendmahlsfeier den Tisch. Der Vorschlag kann als Baustein für die Liturgie von ihnen übernommen werden.

- *Tischdecke ausbreiten*
Wir decken einen Tisch. Jesus Christus lädt uns ein, mit ihm zusammen zu sein. Alle ruft er an seinen Tisch: die Großen und die Kleinen. Die Armen und die Reichen. Die Klugen und die Einfältigen. Auch die Bösen ruft er, denn Gott vergibt ihnen.
- *Blumen und Kerze hinstellen*
Wir stellen Blumen und Kerzen dazu. Es soll ein kleines Fest werden, eine frohe Runde. Wenn Gott uns das Böse verzeiht, macht uns das ganz leicht. Wir brauchen keine Angst zu haben. Wir können von Herzen fröhlich sein.

- *Bibel hinlegen*
Wir legen eine Bibel hin. In der Bibel finden wir die Geschichten, wie Gott sein Volk Israel aus Ägypten befreit und durch die Wüste führt. Und wir hören davon, dass Jesus alle Menschen einlädt und mit ihnen Gottes Fest feiert.

- *Kreuz in die Mitte stellen*
Wir stellen das Kreuz in die Mitte. Denn es war in der Nacht, bevor Jesus verraten wurde, da hat er sich mit allen seinen Freunden zu Tisch gesetzt. In der Nacht, bevor er am Kreuz sterben musste, hat er ihnen dieses Zeichen gegeben: das Heilige Abendmahl.

- *Brotteller*
Jesus hat das Brot in die Hand genommen. Er hat das Tischgebet gesprochen. Er hat das Brot in Stücke gebrochen und an seine Jünger ausgeteilt: »Nehmt und esst!« hat er gesagt. »Das ist mein Leib. Ich gebe mich für euch hin. Tut das immer wieder, und ich bin mitten unter euch.«

- *Kelch und Becher*
Ebenso hat Jesus nach dem Essen den Kelch genommen. Er hat Gott dafür gedankt und ihn seinen Jüngern gegeben: »Trinkt alle daraus!« hat er gesagt. »Das ist mein Blut. Das wird für euch vergossen. Gott vergibt euch. Er hat euch lieb. Tut das immer wieder, und ich bin mitten unter euch.« (KuS 723 f.)

16 Projekte: »Kommt, es ist alles bereit!«

4. Das letzte Mahl

Lukas 22,7-22
Ältere Kinder haben schon ihre Erfahrungen mit Abschieden, wahrscheinlich auch mit Tod und Trauer. So können sie die Beklemmung, die über der Abendmahlsszene liegt, nachvollziehen.
Auch Selbstzweifel ist ihnen nicht fremd. Die Frage »Bin ich's?« kennen sie. »Bin ich daran schuld? Habe ich das etwa angerichtet?«

Spielerische und kreative Elemente
• **Sprechblasen**
Auf dem Abendmahlsbild von Leonardo da Vinci (s. Kopiervorlage) wird offensichtlich heftig diskutiert. Was sagen die da wohl? Die Kinder schreiben Sprechblasen zu den Personen.
• **Identifikationen**
Wir fügen uns und die Kinder direkt in Leonardos Abendmahlsszene hinein. Fotografieren Sie einander in entsprechender Kopfhaltung. Schneiden Sie die Gesichter aus und kleben Sie sie dann auf die Umrisszeichnung. Spezialisten erledigen das sicher einfach und gut am Computer.

5. Emmaus

Lukas 24,13-35
Jugendliche werden bisweilen von heftigen Gefühlsschwankungen heimgesucht (»himmelhoch jauchzend – zu Tode betrübt«). Einige der älteren Kinder sind womöglich schon in der Pubertät. Für die Emmaus-Jünger ereignet sich ein Gefühlsumschwung »von jetzt auf nachher«.

Spielerische und kreative Elemente
• **»Freeze«**
Wir stellen die Geschichte mit »Standbildern« nach. Dazu werden Augenblicke ausgewählt, die die Kinder darstellen.
• **Feuer im Herzen**
Die Kinder gestalten eine große Kerze für den Kindergottesdienst. Das Stichwort »Brannte nicht unser Herz?« aus der Geschichte legt es nahe, Herzen aus Wachsplatten zu schneiden (oder auszustechen) und die Kerze damit zu gestalten.
Oder man gießt Herz-Kerzen. Dazu wird flüssiges Wachs in Plätzchen-Ausstechformen gegossen und mit einem Stück Docht versehen.
Die Materialien bekommt man in Bastelgeschäften.

Beiträge für eine Abendmahlsfeier
Erzählung mit Bild
Sieger Köders Rosenberger Altar stellt im Mittelbild die Emmausgeschichte dar. Anhand des Bildes könnten die »Großen« sie den anderen Kindern bei der gemeinsamen Abendmahlsfeier erzählen.
(Als Postkarte erhältlich bei: Kunstverlag Ver Sacrum, 79427 Eschbach. Anzusehen unter: www.bibliologberlin.wordpress.com)

5. Der korinthische Abendmahlskonflikt

1. Korinther 11,17-34
Arm und Reich sind auch bei uns ein heißes Thema. Jedes sechste Kind lebe von Hartz IV, habe ich gelesen. Die Spanne zwischen Reichen und Armen werde in Deutschland immer größer. Kinder merken diese Spannungen: Wer trägt welche Kleider? Wer hat welche Schultasche? Welches Handy kann ich mir leisten?
Die Sinus-Milieustudie hat gezeigt, dass zwischen bestimmten gesellschaftlichen Gruppen »Ekelgrenzen« bestehen. Menschen mit einer bestimmten Lebensweise und -einstellung sind mir unsympathisch. Wie nehmen wir das eigentlich in unseren Kirchengemeinden oder Kindergottesdiensten wahr? Mit wem möchte ich nicht am Tisch sitzen?

Spielerische und kreative Elemente
Ein altes Plakat von »Brot für die Welt« zeigt die weltweite Spannung zwischen Arm und Reich und bietet eine »Lösung« an. Das ist ein schöner Gesprächsimpuls.
(Als Plakat noch erhältlich unter: http://shop.brot-fuer-die-welt.de/Gemeindearbeit/Fuer-die-Gemeinde/Plakat--Tischgemeinschaft-Abendmahl.html)

Beiträge für eine Abendmahlsfeier
Die »Großen« helfen mit beim Austeilen von Brot und Wein (mit Einzelkelchen und Gießkelch). Wir üben die folgende Art, Brot und Kelch weiterzugeben vorher mit ihnen:

Wenn wir miteinander essen, merken wir, dass wir zusammengehören. Wir bekommen von Gott und teilen miteinander.
Wer das Brot bekommt, bricht ein Stückchen ab und gibt es dem rechten Nachbarn / der rechten Nachbarin. Dann gibt er das ganze Brot nach links weiter und bekommt von dort ein Stück abgebrochen.
Du gibst weiter – und bekommst zurück.
Nehmt und teilt das Brot. Jesus ist bei uns.

Wenn wir jetzt den Traubensaft trinken, erfahren wir, wie wir füreinander sorgen. Jede und jeder nimmt einen kleinen Becher.
Wenn du den Kelch bekommst, dann gieß dem linken Nachbarn / der linken Nachbarin einen Schluck in den Becher. Dann gibst du den Kelch nach rechts weiter – und dein Nachbar, deine Nachbarin wird dir eingießen.
Nehmt den Kelch, gebt euch zu trinken und trinkt: Jesus ist uns ganz nah.

18 Projekte: »Kommt, es ist alles bereit!«

6. Weitere Materialien

A3-Bildkartensets zum Kamishibai:
Der Erzähltext ist bei jedem Set auf einer Seite zusammengefasst. Es kann zu den Bildern aber auch frei erzählt werden.
Zu »Kommt alles ist bereit« können Sie folgende Bildersets einsetzen *(Best.-Nr. in Klammer)*:
- Zachäus auf dem Baum *(3236)*
- Das letzte Abendmahl *(3397)*
- Die Emmausgeschichte *(3407)*

Dazu gibt es natürlich auch das passende Erzähltheater entweder farbig *(Best.-Nr. 568)* oder natur belassen *(Best.-Nr. 1531)*.

Abendmahlsgeschirr
Formschönes und gerade durch seine zeitlose Schlichtheit ansprechendes Abendmahls-Geschirr:

Abendmahls-Krug
16 cm hoch, Durchmesser ca. 10 cm
Best.-Nr. 713

Abendmahls-Kelch
mit Ausguss, 16 cm hoch, Durchmesser ca. 10 cm
Best.-Nr. 712

Abendmahls-Teller
Durchmesser ca. 27 cm
Best.-Nr. 714

Abendmahls-Becher
4,5 cm hoch, Durchmesser ca. 4,3 cm
Best.-Nr. 715

Abendmahls-Gemeinschaftskelch
mit gedrehtem Fuß, 20 cm hoch, Durchmesser ca. 10 cm
Best.-Nr. 717

Weitere Informationen zu diesen und anderen Materialien für die Gemeindearbeit und Ihren Unterricht finden Sie unter: www.junge-gemeinde.de

Gottesdienste

Zeichen am Kreuzweg
Eine symbolische Gestaltung mit Salböl, Kelch, Dornenkrone und Kreuz

(Matthäus 26 u. 27)

Autorin: Heidrun Viehweg

1. Vorüberlegungen

Die Passionserzählungen sind für den Kindergottesdienst unsagbar wertvoll:
Die Kinder erkennen in Jesus einen Menschen, der leidet, der von Freunden im Stich gelassen wird, der weint – wie sie es in anderer Form auch oft erleben.
Zugleich ist die Behandlung dieser Geschichten nicht ganz einfach:
In allem Leid, das nicht verharmlost werden darf, ist Jesus von Gott nie verlassen – obwohl er selbst das am Kreuz sogar so empfindet. Gott ist bei Jesus, den ganzen schweren Weg – und seine Liebe zu seinem Sohn behält das letzte Wort, auf Karfreitag folgt der Ostermorgen.
Wie kann man im Kindergottesdienst den schweren Weg Jesu erzählen – und zugleich in allen Dunkelheiten das Osterlicht durchleuchten lassen?
Ich schlage vor, die einzelnen Zeichen am Kreuzweg mit einer gerade Ende Februar / Anfang März blühenden, den Kindern wohl eher unbekannten Blume zu verbinden: der Christrose. So bekommen die einzelnen Symbole eine doppelte Bedeutung: Sie weisen hin auf Jesu Leiden und Sterben – und zugleich auch auf Jesu Auferstehung und Leben.

2. Durchführung

Zu Beginn der Reihe wird gemeinsam ein Strauß mit Christrosen (oder eine Rosenpflanze – die hält sich dann auch mehrere Wochen) betrachtet.
(Vorsicht beim Selbstpflücken: Alles an der Pflanze, auch der Pflanzensaft, ist giftig, besser Handschuhe benutzen!)

- Kennt jemand den Namen der Blume?
- Man sieht sie nicht so oft: Das ist eine Christrose.
- Woran erinnert dich die Form / die Farbe? (weiß und gelb – wie ein Feuerwerk o. ä. Zeichen von Leben, von Kraft, von Gott).
- Diese Blume wird uns die nächsten Sonntage begleiten.

Über vier Sonntage entsteht ein Kreuz aus schwarzen Tüchern und den entsprechenden »Zeichen am Kreuzweg« (s. Skizze rechts).
Die Symbole der einzelnen Sonntage (Salböl, Kelch, Krone und Kreuz) werden den Kindern während der Erzählung gezeigt – und anschließend mit einer Christrose auf die einzelnen schwarzen Tücher gelegt.

1. Sonntag – das Salböl
Matthäus 26,6-13
Nach der Erzählung des genannten Abschnitts aus dem Matthäusevangelium wird das erste schwarze Tuch in die Mitte gelegt. Auf das Tuch wird ein Flakon mit Öl gestellt. Pantomimisch werden die Gefühle der Frau (Trauer/Angst/Sehnsucht) und Jesu

Gottesdienste: Zeichen am Kreuzweg Jesu

(Erstaunen/Freude/Angst/Ärger über die anderen) nachgespielt. Eine Mitarbeitende öffnet das Ölgefäß und salbt den Kindern Hand oder Stirn. Danach stellt sie das Öl wieder auf das Tuch.
»Die unbekannte Frau hat Jesus Gutes getan, ihn getröstet, ihm gezeigt, dass er nicht allein ist.« Die Mitarbeiterin legt eine Christrose neben das Gefäß.

2. Sonntag – der Kelch
Matthäus 26, 17-30
An das Tuch mit dem Öl wird ein zweites schwarzes Tuch mit einem Kelch gelegt (s. Skizze S. 20). Die Kinder bekommen durchsichtige Muggelsteine als Zeichen für Tränen.
Impulsfragen nach der Erzählung: »Wie mag es Jesus gehen an diesem letzten Abend?« Die Kinder äußern ihre Vermutungen und legen »ihre Tränen« in den Kelch. »Wenig später sind alle Freunde von Jesus weggelaufen – sie hatten Angst. Jesus hatte auch Angst und fühlte sich allein – aber Gott war die ganze Zeit bei ihm.« Der Kelch wird mit einer weiteren Christrose auf das Tuch gestellt.

3. Sonntag – die Dornenkrone
Matthäus 27, 11-30
Das dritte schwarze Tuch wird entsprechend angelegt und Dornen (wenn möglich sogar eine Dornenkrone) werden langsam herumgegeben.
Impulsfragen nach der Erzählung: »Jesus hatte große Schmerzen – hast du dir auch schon mal richtig wehgetan? Was oder wer hat dir geholfen?«
Eine kleine Körperübung kann den Austausch erleichtern: Die Kinder bilden Paare. Eines kauert sich auf dem Boden zusammen, das andere versucht, es ohne Worte zu trösten. Die Kinder tauschen nach einer Weile, damit beide die entsprechende Erfahrung machen können.
»Jesus hatte große Schmerzen, er fühlte sich furchtbar und sehnte sich nach Trost. Gott war die ganze Zeit bei ihm.« Dornen und Christrose auf das Tuch legen.

4. Sonntag – das Kreuz
Matthäus 27, 31-61
Ein Kreuz wird auf ein viertes angelegtes Tuch gelegt. Matthäus 27,31ff wird erzählt.
»Jesus hat am Kreuz gedacht, dass auch Gott ihn verlassen hat. Es ist auch furchtbar schwer, fest an Gott zu glauben, wenn man ihn doch nicht sehen kann bzw. wenn man Angst hat und allein ist. Und doch: Gott hat Jesus nie allein gelassen, er war da, auch am Kreuz.« Das Kreuz wird mit einer Christrose auf das letzte Tuch gelegt.

Ein Kind stellt sich anschließend in einen engen Kreis der anderen Kinder. Alle Kinder im Kreis legen ihre Hände sanft auf den Schultergürtel und den Rücken des Kindes in der Mitte. Sie wiegen es behutsam hin und her. Danach halten sie noch einen Moment die Hände auf dem Rücken und nehmen sie dann alle gemeinsam fort. Das Kind in der Mitte kann währenddessen die Augen schließen – und dem erfahrenen Halt nachspüren, auch wenn die Hände schon weg sind. Möglichst alle Kinder, die das möchten, sollen diese Erfahrung machen (wenn zu viele Kinder da sind, muss man evtl. zwei Gruppen machen).

Die Kinder kehren zurück in den Stuhlkreis.
»Jesus war traurig – Gott war da. Jesus fühlte sich allein – Gott war da. Jesus hatte Angst – Gott war da. Jesus hatte Schmerzen – Gott war da.
Und als die Soldaten dachten, sie hätten gewonnen und Jesus wäre tot – da war Gott da und schenkte Jesus das neue und ewige Leben.« Ein Christrosenstrauch (bzw. eine Rosenpflanze) wird in die Mitte des Kreuzes gestellt.

Ergänzender Basteltipp
Manche Kinder können keine Mobiles mehr sehen – in manchen Kindergottesdiensten sind sie ganz neu. Wenn die Mitarbeitenden und die Kinder Freude daran haben, kann an jedem Sonntag ein Mobile-Teil gebastelt werden:
Auf runden Pappscheiben ist die eine Seite mit hellem und die andere Seite mit schwarzem Papier beklebt. Auf die schwarze Seite werden die jeweiligen Symbole geklebt, auf die helle Seite immer eine Christrose. Die Pappscheiben werden an Holzstäbe gehängt: So entsteht entweder ein Mobile für jedes Kind oder ein großes Mobile für die Gemeinde.

Skizze Mobile

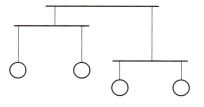

Salböl-Set
besteht aus: Fläschchen mit Salböl (30 ml), Salböl-Gefäß mit Korken (ca. 8,5 cm hoch), Öl-Keramikschälchen, Anleitungsheft »Segen, der unter die Haut geht«, das eine Segenfeier beschreibt und zur Salbung anleitet.

Verpackt in einem Karton
Best.-Nr. S1510
www.junge-gemeinde.de

Wegzehrung in dunkler Nacht
Ein Abendmahlsgottesdienst für Jung und Alt am Gründonnerstag

(Matthäus 26,17-35)

Autorin: Katharina Pött

1. Vorüberlegungen

Seit einigen Jahren feiern wir am Gründonnerstag einen generationsübergreifenden Gottesdienst mit gemeinsamem Abendmahl. Wir feiern im Gemeindehaus, die Tische sind im Kreis angeordnet, wobei ein Tisch als Abendmahlstisch gedeckt ist. Im Inneren des Kreises liegen Sitzkissen. Hier wird die Geschichte erzählt und die Kinder kommen dafür in den Kreis auf die Kissen. Die Erwachsenen können das Bodenbild von ihrem Platz aus sehen. Der Ablauf und die liturgischen Stücke (die Lesung und die Liturgie) sind immer ähnlich. Variiert wird die Kinderkatechese (Erzählung mit Bodenbild, Mitmachgeschichte, Storybag) und die Kurzansprache. Hier stelle ich einen Gottesdienst vor, in dem die Erzählung des letzten Abendmahls mit Tüchern und Kerzen im Mittelpunkt stand.

Während der Kurzansprache für die Erwachsenen wird im Nebenraum eine kleine kreative Aktion für die Kinder angeboten. Zum gemeinsamen Essen gibt es Brot und Trauben und die Gottesdienstbesucher/innen bringen noch Salate, Brotaufstriche, Kräuterquark u.ä. mit.

2. Ablauf des Gottesdienstes

- Musik
- Begrüßung und Votum mit Kerzen und dem Lied: Du bist da, wo Menschen leben (KKL 37)
- Psalmgebet nach Psalm 111
- Gebet
- Lesung: Exodus 12
  (aus der Gütersloher Erzählbibel, Seite 83-85, ISBN 978-3-579-05466-7)
- Glaubensbekenntnis
- Lied: Lobe den Herrn, meine Seele (KuS 330)
- Geschichte zum Abendmahl (Matthäus 26,17-35, s.u.)
- Lied: Im Dunkel unserer Nacht (Taizé-Liedruf, s. Seite 24)
  (Die Kinder gehen in den Nebenraum und gestalten eine kleine Kerze.)
- Kurzansprache und Auslegung zu Matthäus 26 und Exodus 12
- Lied: Im Dunkel unserer Nacht
  (Die Kinder kommen wieder.)
- Hinführung zum Abendmahl
- Gebet – Einsetzungsworte
- Vaterunser
- Einladung und Austeilung (an Tischen) – Friedensgruß – Dankgebet nach Psalm 103
- Lied: Er ist das Brot, er ist der Wein (EG 228)
- Fürbitten
- Lied: Möge der Segen Gottes mit dir sein, s. Seite 25)
- Gemeinsames Abendessen
- Schluss mit Segenswort und Lied: Im Dunkel unserer Nacht

3. Geschichte zum Abendmahl

Jesus ist mit seinen Jüngern in Jerusalem.	*lila Tuch ausbreiten*
Er hat immer wieder mit ihnen gesprochen. Hat ihnen versucht zu erklären, was kommt. Er hat gesagt: »In Jerusalem werde ich sterben. Sie werden mich gefangen nehmen und ans Kreuz bringen.«	*schwarzes Tuch ausfalten*

Nun ist der Abend vor dem Passafest gekommen.
Der Abend, die Nacht, an dem sich Juden daran erinnern,
wie Gott sie befreit hat.
Wie er ihr Weinen und Klagen gehört hat.
Wie sie sich vorbereitet haben in der Nacht.
Und wie sie aufgebrochen sind.

»Ich will das Passa mit euch feiern«, sagt Jesus.

Gottesdienste: Wegzehrung in dunkler Nacht

»Geht und bereitet alles vor.«	*weißes rundes Tuch auf das lila Tuch legen*
Seine Jünger machen sich auf den Weg. Sie finden einen Raum. Sie decken den Tisch. Sie bereiten alles vor für das Fest.	*Abendmahlskelch,* *Teller mit Brot und eine weiße Kerze auf das Tuch stellen* *Kerze anzünden*
Am Abend kommen sie zusammen,	
Jesus	*eine rote Kerze hinstellen und anzünden*
und seine Jünger.	*zwölf Teelichte im Kreis um Kelch, Brot und Kerzen stellen – anzünden*

Sie feiern das Mahl. Hören die alten Worte.
Sie essen das Lamm,
die Kräuter, das Gemüse.

Und all das, was zu diesem Essen dazu gehört.
Sie singen die Psalmen.
Erzählen die alten Geschichten von Gottes großer Liebe.

Plötzlich wird es still.

Jesus sagt: »Einer von euch, der hier mit am Tisch sitzt, wird mich verraten und die Soldaten dahin führen, wo ich bin.«

Alle schauen sich erschrocken an.
Jeder fragt: »Bin ich es, Meister?«

Jesus sagt: »Einer von denen, die hier mit mir essen und trinken, ist es, einer von euch.«

Als letztes fragt ihn Judas: »Bin ich es?«

Und Jesus antwortet ihm: »Du sagst es!«	*ein Teelicht löschen*
Aber auch die anderen werden traurig. Sie merken: »Auch ich hätte es sein können. Auch ich weiß nicht, ob ich es schaffe, zu Jesus zu stehen.« Aber Jesus schickt keinen weg. Er sagt: »Kommt, wir feiern das Mahl.«	*zehn Kerzen löschen*
Dann nimmt er das Brot und spricht: »Das ist wie mein Leib, der für euch gegeben wird …«	*Brotteller aufheben und die Einsetzungsworte sprechen. (So, wie sie auch bei der Mahlfeier später gesprochen werden.)*
Er nimmt den Kelch und spricht: »Das ist wie mein Blut …«	*Kelch anheben* *(Einsetzungsworte s.o.)*

»Es sind die Zeichen, dass ich euch nicht alleine lasse.
Was auch passiert. Ich bin da.«

Da sagt Petrus: »Jesus, du bist mein Freund.
Ich lasse dich nicht im Stich.
Ich habe dich lieb. Ich lass dich nicht allein.«

Gottesdienste: Wegzehrung in dunkler Nacht

Jesus antwortet: »Petrus. Ja, du bist mein Freund. Aber glaube mir, selbst du wirst mich verraten. Auch du lässt mich im Stich. Wenn morgen Früh der Hahn kräht, wirst du dreimal sagen, dass du mich nicht kennst.«

die letzte Kerze löschen

Nur die weiße Kerze bei Brot und Kelch und die rote »Jesus-Kerze« brennen noch.

Und so wird es dunkel. Die Nacht beginnt.
Die Jünger spüren ihre Angst.
Aber Jesus ist da. Er lässt sie nicht allein.
Durch das Brot und den Wein, durch ihr Essen gehören sie zusammen.
Und Jesus sagt: »Ich verlasse euch nicht.«

Bis heute verspricht er uns das:
»Ich bin bei euch.
Ich verzeih euch, wenn ihr schwach werdet.
Und wenn ihr zusammen das Brot esst und Wein oder Saft trinkt, dann bin ich bei euch und gebe euch Kraft und Trost.«

In der Regel kommen die Familien, die am Gründonnerstag teilnehmen, auch zum Familiengottesdienst am Ostermontag. Daher lasse ich die Geschichte hier enden.
Wo das nicht so ist, kann man die Geschichte gerafft weitererzählen.

Im Dunkel unsrer Nacht

Melodie Jacques Berthier, Text Taizé, © Ateliers et Presses de Taizé, 71250 Taizé-Communauté

Möge der Segen Gottes mit dir sein

2. Möge die Hoffnung Gottes mit dir sein ...

3. Möge die Liebe Gottes mit dir sein ...

4. Möge der Frieden Gottes mit dir sein ...

5. Möge der Himmel Gottes mit dir sein ...

MÖGE DER SEGEN GOTTES MIT DIR SEIN
aus: »Danke, danke für die Sonne«
Text und Musik: Detlev Jöcker,
© Menschenkinder Verlag und Vertrieb GmbH, Münster, c/o Melodie der Welt GmbH&Co. KG, Frankfurt am Main

Hoffnung geben
Ein Familiengottesdienst mit Pantomime und Auferstehungskreuz zu Ostern
(Matthäus 5,1 ff)

Autorin: Heidrun Viehweg

1. Ablauf des Gottesdienstes

- Musik
- Begrüßung
- Lied: Morgenlicht leuchtet (EG 455)
- Pantomime: Erwartungen
- Kyrie
- Zum Gloria: Ich lobe meinen Gott (EG RT, KuS 398, KG 112, LJ 560)
- Erzählung der Kreuzigung
- Aktion Bergpredigt
- Erzählung der Kreuzigung (Fortsetzung)
- Aktion »Auferstehungskreuz«
- Lied: Wir haben Gottes Spuren festgestellt (EG RT)
- Fürbitten
- Vaterunser
- Lied: Komm, Herr, segne uns (EG 170)
- Segen
- Musik

2. Zur Gestaltung im Einzelnen

Pantomime: Erwartungen
Jesus steht in der Mitte. Von allen Seiten kommen Menschen zu ihm: Sie sind gebeugt und sehen traurig aus. Jesus wendet sich jedem Einzelnen zu und richtet ihn wieder auf. Im Hintergrund steht eine Gruppe, die das wütend/ärgerlich beobachtet.

Kyrie
Erzähler: Zu der Zeit, als Jesus lebte, wurde unsagbar viel von ihm erwartet und erhofft. Die Menschen hatten so viele Träume: Sie wollten gesund sein, sie wollten frei sein, sie wollten Gott ganz nah sein, sie träumten vom Frieden. Jesus hat jede Sorge angehört, jedes Leid verstanden und war jedem und jeder ganz nah.

Teamer 1: Es gibt viele Situationen in unserem Leben, in denen wir uns ganz klein fühlen, Momente, in denen wir ganz niedergedrückt sind und wir den Kopf nicht hochbekommen. Dann brauchen wir jemand, der uns aufrichtet.

Teamer 2: Ich fühle mich klein gemacht, wenn andere immer wieder bevorzugt werden. Es tut mir weh, wenn meine Geschwister etwas dürfen oder bekommen, was ich nicht darf. Ich finde es ungerecht, wenn Lehrer mich benachteiligen. Dann brauche ich jemand, der mich aufrichtet.

Teamer 3: Ich fühle mich klein gemacht, wenn ich dauernd schlechte Noten bekomme. Dann beneide ich andere, die besser dastehen; dann fürchte ich mich vor der Reaktion meiner Eltern und Freunde; ich brauche jemand, der mich aufrichtet.

Teamer 1: Ich fühle mich furchtbar klein, wenn ich vor anderen bloßgestellt werde. Wenn andere mich lächerlich machen, weil ich etwas vergessen habe oder nicht kann. Oder wenn meine Freunde eine Schwäche von mir breittreten. Wenn mir etwas ganz peinlich ist, brauche ich jemand, der mich aufrichtet.

Teamer 2: Manchmal bin ich ganz wütend und hilflos, wenn es Stress gibt in der Familie oder ich Ärger mit Freunden habe. Dann fühle ich mich ganz ohnmächtig und allein. Manchmal könnte ich heulen vor Verzweiflung. Ich brauche jemand, der mich aufrichtet.

Gloria
Teamer 1: Es tut gut, wenn mich jemand ernst nimmt, mir zuhört, sich für mich und meine Gedanken wirklich interessiert. Ich bekomme Mut, loszugehen, zu sagen, was mich bedrückt, eine Lösung eines Problems zu suchen. Dann spüre ich meine Lebenskraft.

Gottesdienste: Hoffnung geben

Lied: Ich lobe meinen Gott, der aus der Tiefe …

Teamer 2: Es tut gut, wenn jemand in meiner Traurigkeit bei mir ist. Ich kann meine Enttäuschung zulassen und gewinne doch neues Selbstvertrauen in die Möglichkeiten, die in mir schlummern. Ich spüre meine Lebensfreude.

Lied: Ich lobe meinen Gott, der aus der Tiefe …

Erzählung der Kreuzigung

Erzähler: Von Jesus wird in der Bibel erzählt, dass er so ein Mensch war, der andere aufrichten konnte.
Er konnte Leid verwandeln.
Es wird erzählt, dass er anderen zuhörte und sie ernst nahm.
Es wird erzählt, dass er sich gut streiten konnte und ebenso gut für Ausgleich und Versöhnung sorgte.
Er war bei denen, die traurig waren. Er war bei denen, die Angst hatten.
Doch es gab Leute, denen gefiel nicht, was Jesus sagte und tat, um andere aufzurichten. Jesus hat gesagt:

Aktion Bergpredigt

(In einem Gottesdienst, in dem viele kleinere Kinder erwartet werden, kann dies Element wegfallen bzw. der Erzähler kann es zusammenfassen.)

Zwei Teamer lesen abwechselnd den Text, 14 ältere Kinder stehen mit versteckten Buchstaben vorne und halten jeweils das unterstrichene Wort, geformt aus ihren Buchstaben, hoch. Dazu braucht man: jeweils ein H, O, U, G sowie ein ! (das auch ein I ist). Und zwei F, G und E, sowie drei N, ein Z und ein B. Diese Aktion muss man gut üben – aber sie ist eine prima Aufgabe für die Älteren im Kindergottesdienst bzw. die Konfirmanden!

Freuen dürfen sich alle, die unter dieser heillosen Welt leiden. – Gott wird ihrem Leid ein Ende machen.
Jesus verspricht: Es gab schon **genug** Leid auf der Welt, das soll aufhören.

Freuen dürfen sich alle, die unterdrückt sind und auf Gewalt verzichten. – Gott wird ihnen die Erde zum Besitz geben.
Verzichte auf **Zoff**, denn es lohnt sich.

Freuen dürfen sich alle, die danach hungern und dürsten, dass sich auf der Erde Gottes gerechter Wille durchsetzt. – Gott wird ihren Hunger stillen.
Es soll **nie** mehr Ungerechtigkeit geben.

Freuen dürfen sich alle, die barmherzig sind. – Gott wird auch mit ihnen barmherzig sein.
Sei nicht **feige**, setze dich für andere ein!

Freuen dürfen sich alle, die im Herzen rein sind. – Sie werden Gott sehen.
Sage nein zu dem Bösen – dann steht der Himmel **offen**.

Freuen dürfen sich alle, die Frieden stiften. – Gott wird sie als seine Söhne und Töchter annehmen.
Wenn du Gottes Kind sein willst, sage **NEIN** zu Gewalt und Krieg.

Freuen dürfen sich alle, die verfolgt werden, weil sie tun, was Gott will. – Mit Gott werden sie leben in seiner neuen Welt.
Mit Gott an der Seite kann alles neu werden – es lohnt sich, darauf zu **hoffen**!

Freuen dürft ihr euch, wenn sie euch beschimpfen und verfolgen und verleumden, weil ihr zu mir gehört.
Wenn andere sich abwenden, Gott wird sich euch **zuneigen**!

Freut euch und jubelt, denn bei Gott erwartet euch reicher Lohn.
Gott macht alles **NEU**.

Das ist der Sinn von Jesu Botschaft: **HOFFNUNG GEBEN**!

Erzählung der Kreuzigung (Fortsetzung)

Erzähler: Doch es gab Leute, denen gefiel nicht, was Jesus sagte und tat, um andere aufzurichten: Manche wollten nicht, dass so von Gott geredet wird. Andere wollten nicht, dass Jesus die Mächtigen und Reichen so angriff. Sie wollten ihn loswerden: Sie haben ihn getötet.

Gottesdienste: Hoffnung geben

Aktion »Auferstehungs-Kreuz«

Es wird ein Kreuz aus CD-Hüllen gebaut:

Material:
- CD-Hüllen (den inneren Halter für die CD entfernen, so dass nur die durchsichtige Hülle bleibt)
- Abtönfarben in rot, gelb, orange und schwarz
- Alternativ: getrocknete Blumen, bunte Papierfetzen, buntes Streumaterial
- zwei Holzlatten
- feste Nägel und Hammer
- Heißkleber

Am schönsten ist es, wenn man so ein Kreuz mit den Kindern gemeinsam gestalten kann, der Überraschungseffekt eines fertigen Kreuzes ist für die Gottesdienstbesucherinnen und -besucher aber auch sehr schön:

Die beiden Holzlatten werden zu einem Kreuz zusammengenagelt. Dann werden die CD-Hüllen außen alle schwarz angemalt. Wenn sie trocken sind, werden sie aufgeklappt und von innen in Gelb-, Orange- und Rottönen bemalt: Entweder sind sie alle ganz bunt oder – ein sehr schöner Effekt – einige sind eher dunkler gehalten und andere immer heller: von einem tiefen Dunkelrot zu einem hellen Weiß-gelb.

Möglich ist es auch, die Hüllen innen mit buntem Papier / getrockneten Blumen oder anderen bunten Sachen bzw. Dingen aus der Natur zu bekleben. Die CD muss dabei nur verschließbar bleiben.

Die bemalten Hüllen werden mit Heißkleber auf das Kreuz geklebt. Wenn sie in heller werdenden Farbtönen gehalten sind, gehören die dunkleren Farben nach unten, nach oben hin wird es immer heller.

Das Kreuz wird nun aufgestellt: Je nachdem, wie groß es ist, braucht man dafür vielleicht einen großen Eimer mit Sand oder auch einen Christbaumständer. Sind die Hüllen des Kreuzes verschlossen, sieht es schwarz und beängstigend aus. In einer Aktion im Gottesdienst können die Hüllen geöffnet werden und ein leuchtendes Auferstehungskreuz erscheint.

Erzähler: Doch Gott hat Jesus nicht im Tod gelassen.
Was er gesagt hatte, war zu wichtig, um verloren zu gehen.
Was er getan hatte, konnte nie vergessen oder ungeschehen gemacht werden.
Gott will den Menschen nah sein.
Er will alle trösten und aufrichten.
Und nicht einmal der Tod kann ihn davon abhalten:
Jesus ist an Ostern auferstanden,
Die Hoffnungen und Sehnsüchte der Menschen sind erfüllt worden.
Und heute soll immer noch gelten, was Jesus gesagt hat;
heute ist immer noch unvergessen, was er tat.
Das macht uns heute immer wieder Hoffnung.

Die Geheilten aus der Pantomime kommen nach vorne zum Kreuz und schauen es an. Langsam öffnen sie eine CD nach der anderen. Dazu Musik oder ein gemeinsames Osterlied.

Wir müssen nicht schwarz sehen
Ostergottesdienst mit einer Geschichte – mit Musik, Taufe und Taufgedächtnis

(Matthäus 28,1-10)

Autor: Rainer Ollesch

1. Ablauf des Gottesdienstes

Die Altarkerzen brennen, die Osterkerze noch nicht.
- Orgelvorspiel
- Lied: Eine freudige Nachricht breitet sich aus (EG RT, KuS 248, LJ 372, MKL1 117, Strophen 1-3)
- Begrüßung
- Osterlied
- Psalm
- Gebet
- Erzählung zu Matthäus 28,1-10
- Lied: Eine freudige Nachricht breitet sich aus (Strophen 4-5)
- Kurzansprache
- Lied: Er ist auferstanden, Halleluja (EG 116)
- Taufe
- Oster- oder Tauflied
- Taufgedächtnis
- Schlussgebet und Vaterunser
- Osterlied
- Segen
- Orgelnachspiel

2. Zur Gestaltung im Einzelnen

Zum Lied »Eine freudige Nachricht breitet sich aus«
Gesprochene Nachrichten nach den einzelnen Strophen: »Marie* ist geboren!«/ »Ostermontag feiern wir Taufe!«/ »Unsere eigene Taufe feiern wir auch!«
(* Name des Täuflings einsetzen)

Begrüßung
Begrüßung der Tauffamilie / Wer ist in dieser Kirche getauft worden? / Wer in …? / Wer wurde in einer katholischen Kirche getauft? / Die katholische Schwestergemeinde hat uns auch in diesem Jahr wieder eine Osterkerze geschenkt …

Erzählung zu Matthäus 28,1 – 10
mit Sprecher/innen und musikalischer Improvisation (Orgel, Klavier oder …)

Eine neue Woche beginnt.
Der Morgen kommt.
Noch ist es früh am Tag.
   (Musik 1)
Zu dem Grab, in das sie Jesus gelegt haben, sind zwei Frauen unterwegs: Maria aus Magdala und die andere Maria.
Gerade geht die Sonne auf, aber in ihnen ist es dunkel. Finster.
   (Musik 2)
- Jesus ist tot.
- Wer tot ist, kommt nicht wieder.
- Und wir haben ihn so liebgehabt!
- Wir haben so viel von ihm erwartet.
- Aber wir haben uns zu viel erhofft.
- Wir haben uns getäuscht.
- Mit Jesus ist es vorbei.
- Alles ist aus.
- Wie soll es nur weitergehen?
- Ich weiß es nicht. Niemand weiß es.
- Ich habe Angst.
- Ich sehe schwarz.
   (Musik 3)
Aber plötzlich, da: ein Erdbeben!
Die Erde erbebt in ihren Grundfesten.
   (Musik 4)
Als die Frauen zum Grab kommen, da sehen sie:
- Der Stein – der große schwere Stein –,
- der Stein, den sie vor das Grab gewälzt haben –,
- der Stein ist fort!
- Er liegt nicht mehr vor dem Grab.
- Was ist los?
   (Musik 5)
Und vor dem Grab, da ist ein Engel, ein Bote von Gott.
Der sagt zu den Frauen:
   »Fürchtet euch nicht!«
   (Musik 6)
»Ich weiß: Ihr sucht Jesus.
Jesus, den sie gekreuzigt haben.
Er ist nicht hier.
Seht das Grab,
in das sie ihn gelegt haben!
Er ist nicht im Grab.
Er ist auferweckt worden,
wie er gesagt hat.
Jesus lebt.«
(Musik 7: Melodie »Er ist erstanden, Halleluja«, EG 116)
»Jetzt lauft zu den Jüngern!
Sagt ihnen: Jesus lebt!
Jesus ist nicht mehr tot.
Er ist auferstanden.
Ihr werdet ihn sehen.
Geht, schnell!
Sagt es seinen Jüngern!«
   (Musik 8)
Da laufen die Frauen fort vom Grab.
Sie fürchten sich.
Aber da ist auch Freude in ihnen.
- Jesus lebt!
- Der Tod hat verloren.

- Wir müssen nicht mehr schwarz sehen.

(Musik 9)

Und da, auf dem Weg,
da begegnet ihnen Jesus.
Sie sehen ihn.
Sie hören ihn.
Sie hören seine Worte.

»Seid gegrüßt.
Friede sei mit euch.
Fürchtet euch nicht!«

(Musik 10)

»Geht! Geht zu den Jüngern.
Sagt meinen Brüdern:
Sie werden mich sehen.

Und ich werde zu ihnen sprechen.
Geht. Sagt es weiter!«

(Musik 11)

Da gehen die Frauen, um die freudige Nachricht von Ostern weiterzusagen.

Zu weiteren Strophen des Lieds »Eine freudige Nachricht breitet sich aus«

Gesprochene Nachrichten nach den einzelnen Strophen: »Jesus lebt! Er ist auferstanden!« / »Durch Jesus wird es hell!«

Kurzansprache beim Anzünden der Osterkerze

Es gibt viel Grund, schwarz zu sehen. Wenn man erlebt, wie viel Schlimmes geschieht; wenn man bedenkt, wie viel Unheil wir Menschen anrichten: dann kann man trübe Gedanken bekommen. Dann können uns finstere Vorahnungen beschleichen.

Es gibt viel Grund, schwarz zu sehen. So schwarz wie die Freunde und Freundinnen Jesu damals. Ist die Finsternis nicht übermächtig? Sind der Hohe Rat und Pilatus und die Soldaten nicht stärker als Jesus? Ist das Böse, das man Jesus antut, nicht stärker als das Gute, das er gebracht hat? Ist der Tod nicht stärker als das Leben? Da gibt es allen Grund, traurig zu sein und das Gefühl zu haben: Jetzt ist alles aus! Ich sehe schwarz.

Aber Jesus versinkt nicht in der Finsternis. Er verschwindet nicht im Dunkel. Er bleibt nicht im Tod. Er wird wieder zum Leben erweckt. Er kommt wieder ans Licht. Er ist nicht totzukriegen. Er lebt.

Und so wird es für die Frauen am Grab und für die Jünger, für alle Schwestern und Brüder Jesu hell: Sie sind nicht im Stich gelassen, sondern haben Jesus bei sich. Sie brauchen nicht die Köpfe hängen zu lassen, sondern können wieder froh werden und lachen. Sie müssen nicht schwarz sehen, sondern können hoffen. Durch Jesus wird es hell. Daran soll das Licht der Osterkerze erinnern, die wir jetzt anzünden …

Jesus-Wort beim Anzünden der Osterkerze (Johannes 8, 12):
»Ich bin das Licht der Welt. Wer mir nachfolgt, der wird nicht wandeln in der Finsternis, sondern wird das Licht des Lebens haben.«

Taufgedächtnis

Wir feiern heute Maries* Taufe, aber wir wollen auch unsere eigene Taufe feiern. Wir wollen daran denken, dass auch wir getauft sind. Das vergessen wir im Alltag so rasch. Aber es ist so wichtig, dass wir uns erinnern:
– Wir sind getauft, genauso wie Marie*.
– Wir gehören mit Jesus zusammen. Für immer.
– Durch Jesus soll es in uns und um uns herum hell werden.

(* Name des Täuflings einsetzen)

Alle werden eingeladen, einen großen Kreis zu bilden. Wer seine Taufkerze von zu Hause mitgebracht hat (darauf wird in der Gottesdienstein-ladung hingewiesen), nimmt sie mit in den Kreis. Die anderen bekommen eine kleine Osterkerze geschenkt. Mitarbeiter/innen bringen das Licht von der Osterkerze in den Kreis. Weitergeben!

Der Torwächter erzählt

Familiengottesdienst zu Ostern

(Lukas 24,13-35)

Autor: Rainer Ollesch

1. Ablauf des Gottesdienstes

- Orgelvorspiel
  Anzünden der Osterkerze
- Begrüßung und liturgischer Gruß
- Lied: Wir wollen alle fröhlich sein (EG 100, Strophen 1-3)
- Osterpsalm
- Gebet
- Lied: Gelobt sei Gott im höchsten Thron (EG 103, Strophen 1-4)
- Sprechszene zu Lukas 24,13-35: Der Torwächter erzählt (Teil 1)
- Orgelmusik
  (Melodie: Der Mond ist aufgegangen)
- Sprechszene zu Lukas 24,13-35: Der Torwächter erzählt (Teil 2)
- Lied: Gelobt sei Gott im höchsten Thron (EG 100, Strophen 5+6)
- Evangelium: Lukas 24,13-35
  (aus der BasisBibel)
- Halleluja-Ruf (aus EG 103)
- Ansprache
- Chor: Wir wollen alle fröhlich sein (EG 100, Strophen 4+5)
- Fürbittgebet
- Vaterunser
- Lied: Er ist erstanden, Halleluja (EG 116, Strophen 1+4+5)
- Segen: Amen, Amen, Amen
- Orgelnachspiel

2. Zur Gestaltung im Einzelnen

Osterpsalm

Dies ist der Tag, den der Herr macht.
    Lasst uns freuen und fröhlich an ihm sein.
Lasst uns singen mit Freuden
vom Sieg Gottes über den Tod.
    Christus ist auferstanden.
Dies ist der Tag, den der Herr macht.
    Lasst uns freuen und fröhlich an ihm sein.
Lasst uns das neue Leben feiern,
das dem Tod widersteht.
    Denn der Herr ist auferstanden.
Er ist wahrhaftig auferstanden.
    »Ehr sei dem Vater …«

Gebet

Großer, guter Gott, du Freund des Lebens,
du hast Jesus nicht im Tod gelassen,
sondern von den Toten auferweckt.
Du bist stärker als der Tod.
Stärker als alles, was unser Leben dunkel macht.
Gott, darüber können wir nur staunen
und uns freuen. Amen.

Sprechszene zu Lukas 24,13-35: Der Torwächter erzählt (Teil I)

Die Spieler (Torwächter und Jünger) verkleidet. Torwächter mit riesigem Schlüsselbund.

Torwächter:

(Nächstes Jahr in Jerusalem!)
Ich bin der Torwächter. Torwächter an einem der Stadttore von Jerusalem. Da bekomme ich viel zu sehen – das könnt ihr euch vorstellen. Leute von hier *(zeigt)*. Aber auch Menschen von weither *(zeigt)*.

Wisst ihr, was ich besonders gerne sehe? *(Kurze Pause)* Wenn ein Fest gefeiert wird! Wenn die Leute nach Jerusalem kommen, um das Passafest zu feiern. Da ist was los! Wenn alles vorüber ist, wollen die Menschen am liebsten gar nicht mehr nach Hause. »Nächstes Jahr in Jerusalem!«, rufen sie zum Abschied. Und ich winke zurück: »Nächstes Jahr in Jerusalem!« *(winkt)*

(Zum Tode verurteilt)
Aber manche Dinge möchte ich am liebsten überhaupt nicht sehen … Vor ein paar Tagen zum Beispiel: Menschen über Menschen waren da. Sie zogen aus der Stadt heraus. Soldaten waren dabei. Sie trieben drei Männer vor sich her. Drei Verbrecher. Ab zur Hinrichtung! Auf einen der Verbrecher – er trug eine Dornenkrone –, auf den hatten sie es besonders abgesehen.

32 Gottesdienste: Der Torwächter erzählt

Torwächter:
»Wer mag das sein?«, habe ich gedacht. Natürlich habe ich mich erkundigt. »Jesus!«, haben mir die Leute gesagt. Jesus? Jesus? *(kurze Pause)* Er musste sein Kreuz tragen. Draußen auf dem Hügel haben sie ihn dann an sein Kreuz geschlagen. Gekreuzigt, gestorben und begraben – so ist das. Jetzt ist alles vorbei. Wer tot ist, kommt nicht wieder. Vielleicht schade! Aber da kann man nichts machen. Tot ist tot. Das wisst ihr genauso wie ich. Oder? Nun gut, das war am Freitag.

Jetzt ist das Passafest vorüber. Die Menschen gehen wieder nach Hause. »Nächstes Jahr in Jerusalem!« Wie oft habe ich das schon gehört! Ja, ich weiß: Wer einmal hier gewesen ist, der kommt wieder. *(Pause)*

(Jünger 1 und 2: kommen nach vorne.)

(Nie wieder in Jerusalem!)
Aber – die zwei, die da kommen: Was machen die für ein Gesicht?! Nächstes Jahr in Jerusalem! *(winkt ihnen zu)*
(Pause)
(Torwächter lauter) Nächstes Jahr in Jerusalem!

Jünger 1: *(langsam)* Nie wieder in Jerusalem!
Jünger 2: Nie wieder.

Törwächter: Nie wieder? Warum nicht?

Jünger 1: Wir haben so viel von ihm erwartet!
Jünger 2: Wir haben alles von ihm erhofft!
Jünger 1: Aber sie haben ihn verhaftet.
Jünger 2: Und gekreuzigt.
Jünger 1: Hier in Jerusalem.
Jünger 2: Nun ist er tot.
Jünger 1: Alles ist aus.
Jünger 2: Alles.
Jünger 1: Wir wollen fort. Für immer.
Jünger 2: Nie wieder in Jerusalem sein!

Törwächter:
Ich blicke ihnen nach *(nickt)*. Scheinen Freunde dieses Jesus zu sein. Da kann man natürlich verstehen, dass sie nicht wiederkommen. *(Pause)*

So, noch zwei Stunden Dienst. Dann ist es Abend. Dann kann ich das Tor schließen. Ich freue mich schon. Hoffentlich wird es eine ruhige Nacht. Die letzten Tage waren anstrengend genug. Allmählich werde ich müde. Und wenn ich schlafe, werde ich nicht gerne gestört …
Orgelmusik (Melodie: Der Mond ist aufgegangen)

Sprechszene: Der Torwächter erzählt (Teil II)
(Klopfen)

Torwächter:
(Nach Jerusalem zurück?)
Es ist Nacht. Unglaublich! Wer klopft da, mitten in der Nacht? *(Noch einmal: Klopfen)*
Was ist los? Wer ist da? Stimmen … Ich höre Stimmen. Stimmen – die mir irgendwie bekannt vorkommen. Ich schaue durch das kleine Fenster …

(Jünger 1 und 2: kommen nach vorne.)
Jünger 1: Torwächter, mach auf!
Jünger 2: Wir müssen in die Stadt!

Torwächter: Ihr hier? »Nie wieder in Jerusalem!«, habt ihr gesagt. Und jetzt kommt ihr nach Jerusalem zurück?

Jünger 1: Wir haben ihn gesehen!
Jünger 2: Zuerst haben wir ihn gar nicht erkannt!
Jünger 1: Aber er ist mit uns gegangen.

Jünger 2:	Und hat uns die Bibel erklärt.
Jünger 1:	Da ist uns auf einmal viel leichter ums Herz geworden.
Jünger 2:	Dann hat er das Brot gebrochen …
Jünger 1:	… genau wie in der Nacht, bevor er verraten wurde!
Jünger 2:	Jesus lebt!
Jünger 1:	Das müssen wir den anderen Jüngern erzählen.
Jünger 2:	Los, Torhüter, mach schnell auf!
Jünger 1:	Wir müssen zurück in die Stadt! *(beide Jünger ab)*

Torhüter:
Und schon sind sie fort. In einem Tempo! Das sind ja plötzlich ganz andere Menschen! Was ist nur mit denen passiert? *(Pause)*
Was – was haben sie eigentlich gesagt? Dieser Jesus – lebt? Wenn das wahr wäre… Dann wäre der Tod nicht das Letzte? *(schüttelt den Kopf)* Er ist mit ihnen gegangen – auch wenn sie es nicht gleich gemerkt haben? Dann wäre die Sache mit Jesus doch nicht erledigt? Dann können wir doch noch etwas von Jesus erwarten? *(schüttelt den Kopf)* Jesus – lebt?

Halleluja-Ruf
(Wird gesprochen nach dem Lesen des Evangelium aus der BasisBibel.)
Halleluja. Dies ist der Tag, den der Herr macht;
lasst uns freuen und fröhlich an ihm sein. Halleluja.
Der Herr ist auferstanden, er ist wahrhaftig auferstanden. Halleluja!
Halleluja … *(singen aus EG 103)*

Ansprache zu Lukas 24,13 – 35
Gnade sei mit euch und Friede von Gott, unserem Vater, und dem Herrn Jesus Christus! Amen.

Liebe Kinder, liebe Erwachsene,

kennt ihr das? Dass ihr total traurig seid? Dass ihr nur noch heulen könnt, weil der Kummer so riesengroß ist? Ihr habt euch alles so schön gedacht, ihr habt euch gefreut, ihr habt euch die größte Mühe gegeben, ihr wart voller Optimismus – aber dann ist alles aus gewesen. Es ist ganz anders gekommen als gedacht.

Und wenn ihr etwas von Gott wisst – von dem spürt ihr jetzt nichts. Wenn ihr Geschichten von Jesus kennt – wo ist der jetzt? Ja, früher vielleicht. Da gab es Leute, die Jesus gesehen haben. Die haben seine Stimme gehört. Die sind mit ihm mitgegangen. Die haben miterlebt, was er mit seinen Händen getan hat. Aber dann hat man ihn umgebracht und ins Grab gelegt. Tot. Wenn er doch lebendig wäre! Wir alle könnten ihn gebrauchen. Die Erwachsenen genauso wie die Kinder.

Und während wir so traurig, so niedergeschlagen sind, ist Jesus längst da, erzählt diese wundervolle Geschichte. Die beiden Männer reden von ihrem Kummer. Und es ist ja gut, wenn wir nicht allein sind, sondern zu zweit. Wenn wir uns gegenseitig das Herz ausschütten können. Aber erst recht ist es eine Hilfe, wenn da jemand von außen kommt und uns zuhört. So wie der Fremde, der schon eine ganze Weile neben ihnen her geht, ohne dass sie das bemerken.

Dann redet er mit den Beiden. Lässt sie erzählen. Hört zu. Lässt sie ausreden. Fragt nach. Erinnert an dieses und jenes, was sie aus der Bibel doch kennen. In der Heiligen Schrift ist es ja aufgeschrieben.

Jesus geht mit ihnen. Aber sie merken nicht, dass es Jesus ist. Das wird in manchen Ostergeschichten erzählt, dass Jesus so aussieht wie andere Leute. Man erkennt ihn nicht gleich. Hier sieht Jesus aus wie ein Schriftgelehrter, der sich in der Bibel gut auskennt. In einer anderen Geschichte sieht Jesus aus wie ein Gärtner. In noch einer anderen Geschichte sieht Jesus aus wie ein hungriger Mann, der am Ufer steht und ruft: »Habt ihr nichts zu essen?« Ja, das kann geschehen: Jesus ist da, und seine Leute – wie die Jünger damals und wir heute – merken es gar nicht.

Die Beiden erkennen Jesus nicht. Noch nicht. Aber es verändert sich schon etwas in ihnen: Den Beiden wird es warm ums Herz. Es tut ihnen gut, reden zu können und zuhören zu können. Und dass sie nun nicht nur bei ihrem Kummer bleiben, sondern dass ihnen dazu auch Geschichten und Worte der Bibel in den Sinn kommen. Nein, die Beiden erkennen Jesus noch nicht. Aber da scheint eine Ahnung zu sein. »Brannte nicht unser Herz in uns, da er mit uns redete und uns die Schrift öffnete?«, sagen sie im Nachhinein.

Gottesdienste: Der Torwächter erzählt

Der Fremde nimmt sich alle Zeit der Welt für die Beiden mit ihrem Riesenkummer. »Er nimmt sich für uns Zeit«, wird man später singen. Er hat es nicht eilig wegzukommen, sondern geht mit, Schritt für Schritt. »Ich möcht, dass einer mit mir geht«, wird man singen. Jesus tut es. Tut es, bis sie in Emmaus sind, zu Hause. Und dort erleben ihn die Beiden, wie er das Brot nimmt, wie er das Dankgebet spricht, wie er das Brot bricht und wie er ihnen das Brot gibt – so wie er es immer getan hat, wenn sie mit ihm zusammen waren. Und wie er es getan hat in der Nacht, bevor er verraten, gefangen genommen, geschlagen und gekreuzigt wurde. Er gibt ihnen das Brot, so wie wir es tun, wenn wir Abendmahl feiern und dabei von Jesus erzählen.

Da wird bei den Beiden aus der Ahnung die Gewissheit: Es ist nicht aus mit Jesus. Er ist nicht tot, sondern er lebt. Er hat nicht nur in der Vergangenheit etwas getan, sondern wird auch in Zukunft handeln. Er hat uns nicht nur früher etwas geschenkt, sondern beschenkt uns auch heute. Was er uns gesagt hat, das bleibt für immer wahr. Wir können in alle Ewigkeit mit ihm rechnen.

Da tun die Beiden, was auch in unserem Gottesdienst geschieht. Sie hören die Botschaft: »Der Herr ist wahrhaftig auferstanden.« Und sie bestätigen es: »Er ist wahrhaftig auferstanden.«

Und der Friede Gottes, der höher ist als alle Vernunft, wird eure Herzen und Sinne in Christus Jesus bewahren. Amen.

Fürbittengebet
Du Gott des Lebens, wir beten für alle Menschen,
die nichts zu lachen haben,
weil es um sie herum und in ihnen dunkel ist.
Wir beten für alle,
denen das Lachen vergangen ist
und die keinen Lichtblick sehen.
(1) Wir beten für alle,
denen das Glauben schwer fällt.
Wir beten für alle,
die in ihrem Vertrauen zu Gott erschüttert sind
und die nicht mehr beten können.
(2) Wir beten für die Eltern,
die mit ihren Kindern Schwierigkeiten haben.
Wir beten für die alten Menschen,
die die heutige Zeit nicht verstehen können.
Wir beten für uns alle,
wenn unsere Hoffnungen enttäuscht werden.
(1) Wir beten für unsere Kranken,
für die Einsamen und Sterbenden.
Wir beten für alle,
die einen geliebten Menschen verloren haben.
(2) Wir beten für die koptischen Christen in Ägypten,
die Gottesdienst feiern wollen,
aber um ihres Glaubens willen sterben müssen.
(1) Wir beten für die Hungernden in Ostafrika.
Wir beten für die Flüchtlinge und Vertriebenen
vor den Grenzzäunen Europas.
(2) Wir beten für die Giftgasopfer in Syrien.
Wir beten für die Opfer der Terroranschläge
in so vielen Ländern der Welt.
Was uns persönlich bewegt, das wollen wir Gott in der Stille sagen …
Stilles Gebet
Du Gott des Lebens, Vater Jesu Christi,
erweise dich als stärker als der Tod.
Stärker als alles, was unser Leben dunkel macht.
Hilf Menschen,
dass sie wieder froh sein können,
und lass uns dabei mithelfen.
Amen.

Ganz oben und ganz nah
Open-Air-Gottesdienst an Christi Himmelfahrt

(Apostelgeschichte 1,3-14)

Autor: Rainer Ollesch

1. Ablauf des Gottesdienstes

- Musikalisches Vorspiel
- Eröffnung
- Lied: »Der Gottesdienst soll fröhlich sein« (EG 169, KG 187, KuS 172, Strophen 1-5)
- Psalm
- Gebet
- Sprechstück: Was die Leute so vom Himmel sagen … (mit Gesten)
- Kanon: Der Himmel geht über allen auf (EG RT, KuS 300, MKL1 7)
- Geschichte: Ein alter, weiser Mann hat einmal erzählt …
- Zwischenspiel: Gottes Liebe ist wie die Sonne (KG 153, KKL 75, KuS 404, MKL1 47)
- Kurze Nacherzählung zu Apostelgeschichte 1,3-14
- Halleluja-Ruf
- Glaubensbekenntnis
- Lied: Gen Himmel aufgefahren ist (EG 119)
- Auslegung (Teil 1): Himmelfahrt – Jesus ist allen ganz nah
- Lied: Hallelu-, Halleluja (KG 139, KKL 78, KuS 226, LJ 389, MKL1 49)
- Auslegung (Teil 2): Himmelfahrt – Jesus ist »ganz oben«
- Lied: Jesus Christus herrscht als König (EG 123,1+4)
- Fürbittgebet
- Vaterunser
- Lied: Herr, wir bitten: Komm und segne uns (EG RT, KuS 178)
- Musikalisches Nachspiel

2. Zur Gestaltung im Einzelnen

Eröffnung

Im Namen des Vaters und des Sohnes und des Heiligen Geistes.
Unsere Hilfe steht im Namen des Herrn, der Himmel und Erde gemacht hat,
der Wort und Treue hält immer und ewig und der nicht preisgibt das Werk seiner Hände.

Herzlich willkommen zum Gottesdienst – ihr alle, Sie alle! Zunächst natürlich diejenigen, die heute ein Heimspiel haben. Wer von euch wohnt hier? Bitte mal melden … Ihr wohnt toll hier in … *(Ortsnamen nennen)* Da ist es schön, dass wir anderen bei euch zu Gast sein können. Wer kommt aus … oder … oder ….? *(verschiedene Ortsteile)*

Wir feiern an diesem Morgen alle zusammen Gottesdienst. Wir feiern unter freiem Himmel Christi Himmelfahrt. Und da danke ich euch hier in …, dass ihr den Himmel für uns so blitzeblank geputzt habt.

Psalm (nach Psalm 47)

(X = Klatschen; 1 Schlag!)

Ihr Völker alle: Klatscht in die Hände! *(X)*
Begrüßt Gott mit fröhlichem Jubel! *(X)*
    Denn der Herr ist der Höchste.
    Er ist ein großer König über die ganze Welt.
Gott ist zu seinem Thron hinaufgestiegen.
Niemand ist über ihm.
    Ihr Völker alle: Klatscht in die Hände! *(X)*
    Begrüßt Gott mit fröhlichem Jubel! *(X)*
Singt für Gott und musiziert!
Singt und spielt zu seiner Ehre!
    Er ist größer als die Großen.
    Er ist stärker als die Starken.
Ihr Völker alle: Klatscht in die Hände! *(X)*
Begrüßt Gott mit fröhlichem Jubel! *(X)*

Seine Güte reicht, so weit der Himmel ist.
Seine Liebe hat nirgendwo ein Ende.
Gottes Freundlichkeit umgibt uns überall.
Gott ist uns ganz nahe.
    Ihr Völker alle: Klatscht in die Hände! *(X)*
    Begrüßt Gott mit fröhlichem Jubel! *(X)*

»Ehr sei dem Vater …«

Gottesdienste: Ganz oben und ganz nah

Gebet
Gott, es ist etwas ganz Besonderes,
wenn wir Gottesdienst nicht in einer Kirche feiern,
sondern draußen,
unter deinem Himmel.
So können wir besser ahnen,
wie groß du bist:
weit über uns
und doch zugleich nahe bei uns.
Unendlich groß wie der Himmel,
der uns überall umgibt.
In dem Menschen Jesus
bist du unter uns auf unserer Erde gewesen,
und nun bist du für immer bei uns
und bist in allem für uns da.
Gott, dafür danken wir dir. Amen.

Sprechstück: Was die Leute so vom Himmel sagen … (mit Gesten)

- Wenn etwas Überraschendes passiert, was man gar nicht so toll findet: »Ach, du lieber Himmel!«

- Wenn etwas Schlimmes geschieht: »Das schreit zum Himmel.«

- Wenn etwas dunkel wird und ganz unheimlich: »Mir ist himmelangst.«

- Manche Menschen sind heute, »himmelhoch jauchzend«

  aber am nächsten Tag: »zu Tode betrübt«.

- Kennt jemand noch solch eine Redensart mit »Himmel« oder »himmlisch«? … (Kinder antworten)

- Was sagen manche Leute, wenn etwas richtig gut schmeckt? »Wie das schmeckt! Himmlisch!!!«

- Wenn früher jemand schrecklich verliebt war, dann hat er vielleicht gesungen: »Ich tanze mit dir in den Himmel hinein.«

- Im Gottesdienst kommt das Wort »Himmel« natürlich auch vor … Wir beten: »Vater unser im Himmel«

- Und wie heißt dieser Feiertag heute? »Christi Himmelfahrt«

Ja, wir sprechen vom Himmel, aber was wir mit dem Wort »Himmel« meinen, das kann sehr unterschiedlich sein.

Ein alter, weiser Mann hat einmal erzählt …
(bearbeitet nach einem Text von Hermann Koch aus der Zeitschrift »Der Jugendfreund« 1992)

Als ich ein kleiner Junge war, konnte ich mir den Himmel noch so richtig vorstellen.
Es ist doch so: Wenn man an einem schönen Frühlingstag zum Himmel hinaufschaut – wie schön ist das!
Wie hoch und weit ist der Himmel!

>Und wenn ich nachts
>zum Mond und zu den Sternen hinaufschaute:
>Wie unzählig viele sind es!
>Wie sie glänzen!
>Und ich dachte mir:
>Darüber – über dem blauen Gewölbe, über den Wolken –
>da ist Gott.

Gottesdienste: Ganz oben und ganz nah

Ich hörte auch sagen:
Wer stirbt, kommt in den Himmel.
Dann ist man immer bei Gott.
Wenn ich mir das vorstellte,
dann habe ich mich gefreut.

> Ich habe auch viele alte Bilder gesehen,
> die vom Himmel über den Wolken erzählten.
> Aber die alten Maler und Erzähler wussten auch damals:
> Im Himmel sein heißt:
> bei Gott sein.

Als ich älter wurde,
sind diese Bilder vom Himmel
bei mir langsam verblasst,
so wie der Mond bei Tag verblasst.
Nur einer verschwand nicht – Gott.

> Ich betete zu Gott in der Not.
> Aber den Himmel konnte ich mir nicht mehr so vorstellen wie früher.
> Warum?

Wenn man mit einem großen Fernrohr hinausschaut
ins Weltall,
dann findet man den Himmel nicht,
den ich mir vorstellte:
wo Gott ist –
wo die Engel sind –
und wo die Menschen sind, die bei ihm sein dürfen.

> Ich lernte damals aber auch,
> dass es Dinge gibt,
> die man nicht sehen kann
> und die trotzdem da sind.

Den Wind kann man nicht sehen
und auch nicht die Radiowellen
oder die Handystrahlen.
Und doch sind sie da.

> Und wie ist es mit der Liebe?
> Sie zeigt sich auf dem Gesicht der Mutter
> oder des Vaters.
> An dem, was sie tun, kann man die Liebe sehen.
> Aber die Liebe selbst sieht man nicht.
> Sie ist im Herzen verborgen.
> Und man kann keinem Menschen ins Herz sehen.

So ist es auch mit dem Himmel.
Der Himmel ist, wo Gott ist.
Man kann den Himmel nicht sehen,
wie man Gott nicht sehen kann.
Die Engländer sagen zum Lufthimmel »sky«,
aber den Gotteshimmel nennen sie »heaven«.

> Wo Gott ist,
> da ist Liebe.
> Der Gotteshimmel ist voll mit Gottes Liebe.
> In diesen Gotteshimmel
> ist Jesus bei seiner Himmelfahrt gegangen.

38 Gottesdienste: Ganz oben und ganz nah

Im Himmel sein heißt:
Ganz eng zusammen sein mit Gott.

> Wir können uns schon jetzt für den Himmel öffnen:
> wenn wir zu Gott beten,
> wenn wir auf sein Wort hören
> und wenn wir die anderen Menschen lieben.

Kurze Nacherzählung zu Apostelgeschichte 1,3–14

Der Evangelist Lukas hat uns zwei Geschichten erzählt, aus denen das Wort »Himmelfahrt« stammt. Eine davon möchte ich nacherzählen. Die Geschichte geht, ziemlich kurz und knapp, folgendermaßen:

> *Jesus ist nach Ostern oft bei seinen Freunden gewesen.*
> *Das war für sie eine glückliche Zeit.*
> *Jeden Tag spürten sie, wie nahe er ihnen war.*
> *Dann hat er sie eines Tages mit auf den Ölberg genommen,*
> *ganz dicht bei Jerusalem.*
> *Und dort hat Jesus seinen Freunden gesagt:*
> *»Gottes heiliger Geist wird kommen.*
> *Ihr werdet Gottes Kraft in euch spüren.*
> *Dann geht los und erzählt,*
> *was ihr mit mir erlebt habt.*
> *Bleibt nicht nur hier in der Stadt Jerusalem,*
> *sondern erzählt überall von mir.*
> *Geht bis ans Ende der Welt.«*
>
> *Und dann war da eine Wolke,*
> *die hat Jesus verhüllt.*
> *Seine Freunde konnten ihn nicht mehr sehen,*
> *so wie sie ihn bisher gesehen hatten.*
>
> *Aber wie sie so dastanden*
> *und nach oben schauten,*
> *waren zwei Gottesboten da,*
> *die sagten:*
> *»Hallo, was steht ihr da*
> *und schaut in den Himmel?*
> *Jesus ist nun bei Gott, seinem Vater,*
> *und er wird wieder zu euch kommen.«*
>
> *Da sind seine Freunde nach Jerusalem zurückgekehrt*
> *und haben auf Gottes Kraft gewartet,*
> *auf Gottes guten Geist.*
> *Und nicht lange,*
> *dann sind sie losgezogen,*
> *um allen Menschen von Jesus zu erzählen.*
> *Und er hat gesagt:*
>
> *»Siehe, ich bin bei euch alle Tage*
> *bis an der Welt Ende. Halleluja.«*

Auslegung (Teil 1): Himmelfahrt – Jesus ist allen nahe

Die Jesus-Geschichten in der Bibel erzählen davon, dass Jesus gut 30 Jahre lang als Mensch unter Menschen gelebt hat. Damals in Galiläa und in Judäa. Dort war er mit seinen Jüngern und Jüngerinnen zusammen und mit vielen anderen Menschen seines Volkes. Man konnte ihn sehen und hören und anfassen.

Die Himmelfahrtsgeschichte erzählt: So ist Jesus nicht mehr da. Aber er ist da. Und er ist nun allen Menschen nahe, nicht nur Menschen aus seinem Volk Israel. Der Himmel hört ja nicht an einer Landesgrenze auf. – Und: Jesus ist nun für immer da. Der Himmel hat sich nicht nur damals über einige Menschen gewölbt. Nein, der Himmel wird sich auch morgen und übermorgen über uns wölben.

Gottesdienste: Ganz oben und ganz nah

Allen Menschen ist Jesus nahe. Für alle ist Jesus da. Für alle *(kann auf mehrere Sprecher verteilt und durch Gesten unterstützt werden)*:
- Für die Menschen im fernen Land Israel
  und für uns hier in … *(Ort einfügen)*
- Für die Menschen im Land der Pyramiden,
  und für die Menschen in Ländern voller Wolkenkratzer.
- Für die Menschen im Erdteil mit den Kängurus
  und für die Menschen im Erdteil mit den Pinguinen.
- Für die Menschen, die krause Haare und dunkle Haut haben,
  und für uns Bleichgesichter in Europa.
- Für die Menschen, die zum Laufen einen Stock brauchen,
  und für die winzigen Menschen, die noch in der Wiege liegen.

Die Himmelfahrtsgeschichte erzählt: Allen Menschen ist Jesus nahe. Für alle ist er da. Für immer. Jetzt und in Ewigkeit.

Auslegung (Teil 2): Himmelfahrt – Jesus ist »ganz oben«

Der Himmel ist oben, klar. Wenn Menschen erzählt haben, dass Jesus nun im Himmel ist, dann wollten sie damit ausdrücken: Jesus ist ganz oben – da, wo Gott ist. Jesus gehört an die Seite Gottes. Er hat – wie Gott – seinen Platz an oberster Stelle. Höheres als ihn gibt es nicht. Er ist der Herr. Nur er hat Weisungen zu geben. »Mir ist gegeben alle Gewalt im Himmel und auf Erden« – das hören wir bei jeder Taufe.

Damit bestreitet Jesus allen Mächten, die die Welt beherrschen wollen, ihr Recht. Wie viele Machthaber, wie viele Weltanschauungen erheben ihre Ansprüche, fordern Gehorsam und blinde Treue! Aber Jesus sagt: Lasst euch von niemandem beeindrucken! Werdet keinem hörig! *Gott hat mir uneingeschränkte Vollmacht im Himmel und auf der Erde gegeben*, niemandem sonst.

Es gibt so viele totalitäre Systeme, die uns genau vorschreiben wollen, was wir zu denken haben, was wir sagen und tun sollen, was wir kaufen und verbrauchen müssen und wie wir leben sollen. Jesus bestreitet all diesen Systemen ihr Recht auf uns: Lasst euch von niemandem beeindrucken! Werdet keinem hörig! *Gott hat mir Vollmacht im Himmel und auf der Erde gegeben*. Und bei seiner »Machtausübung« geht es nicht um Unterwerfen, um Ausbeuten, um Ausschalten, um Vernichten, sondern um die Allmacht der Liebe.

Das feiern wir, wenn wir Himmelfahrt feiern: *die uneingeschränkte Vollmacht Jesu*. Er ist ganz oben. Er ist der Höchste. Er hat zu sagen und zu bestimmen. Auf ihn sollen wir uns verlassen. Und auf ihn können wir uns verlassen. Bei dem, was er sagt und tut, legt er es ja nicht darauf an, uns klein zu machen, sondern er will uns bei sich haben. Er will uns an seiner Seite haben. Er will uns in seiner Nähe haben.

Fürbittengebet

Großer Gott,
wir müssen nicht alleine durchs Leben gehen,
sondern können darauf vertrauen,
dass du mit uns gehst, überall und jederzeit.
Wir danken dir,
dass du uns durch Jesus so nahe gekommen bist
und für immer bei uns bleiben wirst.
Wir bitten dich:

- Hilf uns,
  dass wir Jesus nicht aus den Augen verlieren,
  sondern dass wir nach ihm fragen.

- Mache unser Vertrauen groß,
  dass Jesus stärker ist als alles,
  was uns Angst machen will.

- Mache uns Mut
  und schenke uns Kraft,
  wenn wir traurig und bedrückt sind.

- Lass die Jugendlichen,
  die ihre Konfirmation oder Erstkommunion feiern,
  Freude an ihrer Gemeinde finden.

- Hilf allen Christen,
  dass sie sich nicht nur nach Christus nennen,
  sondern sich auch ein Beispiel an Jesus nehmen.

- Wenn wir mit anderen Menschen Streit haben,
  dann gib uns viel Liebe und Fantasie,
  dass wir uns wieder versöhnen.

- Wenn Fremde zu uns kommen,
  dann hilf, dass sie Verständnis und Hilfe finden.

Vater im Himmel,
erfülle uns mit dem Geist und der Kraft von Jesus,
damit andere Menschen und wir selber
auf unserer Erde etwas spüren von deinem Himmel.
Amen.

Von Gottes Geist ergriffen
Ein festlicher Kindergottesdienst zu Pfingsten
(Apostelgeschichte 2,1-13)

Autor: Gottfried Mohr

1. Vorbemerkungen

In Jerusalem ist Erntedankfest. Alle sind fröhlich. Die Jüngerinnen und Jünger Jesu – sie sind ja auch fromme Juden – nehmen genauso am Fest teil. Sie sind aber nicht so fröhlich. Die Trauer über den Abschied von Jesus drückt ihnen noch auf die Seele. Auf diesem Hintergrund geschieht eine wunderbare Verwandlung.
Petrus erklärt die Geschehnisse mit einer langen Predigt. An diesem Tag lassen sich viele von der Lehre der Christen begeistern und schließen sich dem Kreis der Jünger an. Das sind auch viele Menschen aus anderen Ländern mit anderen Sprachen. Damit wird in dieser Geschichte schon deutlich gemacht, dass das Christentum die Grenze des Judentums sprengt und sich in aller Welt ausbreiten wird. Letztlich verdanken wir alle dieser Tatsache unsere Zugehörigkeit zum christlichen Glauben. Pfingsten macht deutlich, dass der christliche Glaube immer einen weltweiten Horizont hat.

Für Kinder (und Erwachsene) ist Pfingsten ein wichtiger Termin im Jahreslauf. Das liegt nicht an der Bedeutung des Pfingstfestes für die Christen. Diese ist weithin unbekannt. Das liegt daran, dass die Feiertage und die Ferien in dieser Frühlings- und Frühsommerzeit besonders erfreulich sind. Viele Familien nützen die freie Zeit und machen Urlaub. In den meisten Gemeinden findet kein Kindergottesdienst statt. Damit wird den Kindern ein wichtiges Fest im Kirchenjahr unterschlagen. Das ist schade. Man könnte auch den anderen Weg gehen und gerade zu Pfingsten einen besonderen Kindergottesdienst gestalten. Die Pfingstgeschichte und das Pfingstfest bieten sich dazu an. Dabei muss der Gottesdienst nicht am Pfingstsonntag stattfinden. Es ist auch möglich, in den Pfingstferien einen Kindernachmittag anzubieten oder die Pfingstgeschichte an einem anderen Sonntag außerhalb der Ferien zu erzählen.
In diesem Gottesdienstbeispiel werden Anregungen vorgestellt, um Pfingsten als kleines Fest zu gestalten. Der Vorschlag geht davon aus, dass alle Kinder in **einer** Gruppe diesen Gottesdienst feiern. Zu Beginn des Gottesdienstes werden die Kinder, die an geschmückten Tischen sitzen, mit einem Obstsalat verwöhnt. Im Mittelpunkt der Darbietung steht der Überraschungsgast. Es ist der Evangelist Lukas, der mit einer Mitarbeiterin oder einem Mitarbeiter ein Gespräch führt.

2. Ablauf des Gottesdienstes

- Festessen mit Obst
- Begrüßung
- Lied: Kommt her, kommt zusammen (LJ 402)
  oder: Lasst uns miteinander (KG 189, KuS 584, LJ 403, MKL1 23)
- Psalmgebet
- Vorstellung des Überraschungsgastes: Lukas, der Evangelist
- Lied: Kommt her, kommt zusammen (LJ 402)
- Fortsetzung des Gesprächs mit dem Gast (Lukas): Pfingsten – Erntedank in Jerusalem
- Spielaktion 1: Fröhliche und Traurige treffen aufeinander.
- Fortsetzung des Gesprächs mit dem Lukas: Aus Trauer wird Begeisterung.
- Spielaktion 2: Sprachengewirr
- Fortsetzung des Gesprächs mit Lukas: Pfingsten – Vom Heiligen Geist der Gemeinschaft
- Spielaktion 3: Lied mit Bewegungen (s. »Up on the mountain top«
- Gebet für den Kindergottesdienst und die Kirchengemeinde

3. Zur Gestaltung im Einzelnen

Ein Festessen mit Obst

Die Kinder sitzen an festlich gedeckten Tischen. Die Tische sind mit Blumen, Blättern und Früchten geschmückt. An jedem Platz steht ein Schüsselchen bereit. Die Kinder sind gespannt, was ihnen zu Essen angeboten wird. Ein Platz, der besonders geschmückt ist, bleibt frei für den Ehrengast.

Gottesdienste: Von Gottes Geist ergriffen

Begrüßung
Eine Mitarbeiterin / ein Mitarbeiter begrüßt die Kinder freundlich und sagt, dass heute ein Grund besteht, ein Fest zu feiern. Es wird heute nämlich ein besonderer Gast zu unserem Kindergottesdienst kommen. Mehr wird noch nicht verraten.

Begrüßungslied: Kommt her, kommt zusammen
Als erstes Lied singen wir: »Kommt her, kommt zusammen«. Damit das Lied richtig fröhlich gestaltet wird, klatschen wir dazu in besonders kunstvoller Weise. *(Schon das Einüben kann Spaß machen.)* Wir klatschen auf die vier Schläge des Taktes:
Schlag 1: in die Hände klatschen; Schlag 2: mit der linken Handfläche auf den rechten Handrücken klatschen; Schlag 3: mit der rechten Handfläche auf den linken Handrücken klatschen; Schlag 4: mit beiden Händen auf die Schenkel klatschen.
Mit derselben Klatschform kann auch das Lied: »Lasst uns miteinander« gestaltet werden.

Psalmgebet
Als Psalmgebet sprechen wir: Gott, deine Taten wecken Freude und Jubel (LJ 694)
Zum gesungenen Kehrvers kann auch wieder in der oben vorgestellten Weise geklatscht werden.

Vorstellung des Überraschungsgastes: Lukas, der Evangelist

Mitarbeiterin oder Mitarbeiter:
Heute *(oder anderen Termin nennen)* ist *(war)* Pfingsten. Pfingsten ist für viele Leute ein schönes Fest. Es gibt zwei Feiertage. Für Kinder gibt es Schulferien. Das Wetter ist meistens schön. Die Menschen freuen sich, dass sie endlich wieder nach draußen können. Viele fahren in Urlaub. Im Mittelmeer kann man schon baden. Aber was ist das eigentlich für ein Fest, das Pfingstfest? Gibt es da mehr zu feiern als schönes Wetter? Wir haben heute einen Fachmann eingeladen, der uns etwas über Pfingsten erzählen kann. Der Mann ist uralt, ihr werdet staunen, er ist fast 2000 Jahre alt. Er hat keine Mühe gescheut, zu uns zu kommen. Einen weiten Weg hat er auch hinter sich. Aber jetzt will ich ihn nicht mehr länger warten lassen. Der Mann steht draußen. Ich bringe ihn herein.
(Ein Mitarbeiter oder eine Mitarbeiterin hat sich verkleidet: langes Gewand / Schriftrolle unter dem Arm. Er oder sie kommt nun als Evangelist Lukas herein.)

Mitarbeiterin oder Mitarbeiter:
Herzlich willkommen, Herr Lukas, in unserem Kindergottesdienst. Ich hoffe, du hattest eine gute Reise.

Lukas:
Die Reise war lang. Ich komme von Jerusalem. Ich bin froh, dass ich jetzt da bin. Kinder, habt ihr auch so Hunger wie ich?

Mitarbeiterin oder Mitarbeiter:
Gut, dass wir einen Obstsalat vorbereitet haben. Der wird dir gut tun und dich erfrischen.
(Jetzt wird in Schüsseln der vorbereitete Obstsalat aufgetragen und an Lukas und die Kinder verteilt. Die Kinder wollen natürlich gleich mit dem Essen beginnen. Lukas unterbricht.)

Lukas:
Bei uns war es üblich, das Essen mit einem Tischgebet zu beginnen. Bei euch nicht?

Mitarbeiterin oder Mitarbeiter:
Wir könnten miteinander singen. Wir haben doch schon das Lied eingeübt: »Kommt her, kommt zusammen«, das könnten wir gemeinsam singen.
(Das Begrüßungslied wird wiederholt.)

Pfingsten – Erntedankfest in Jerusalem

Lukas:
Bei euch ist Pfingsten. Bei uns auch. Bei uns, das heißt vor langer, langer Zeit, vor 2000 Jahren und weit weg in Jerusalem. Bei uns war Pfingsten das Erntedankfest. Das Getreide war um diese Zeit schon reif. Da gab es Grund zu feiern. Deshalb finde ich das mit dem Obstsalat eine gute Idee: Ein Obstsalat zum Erntedankfest.

Mitarbeiterin oder Mitarbeiter:
Ich glaube, Lukas, du musst uns noch genauer sagen, wer du bist. Sonst verstehen die Kinder Sie nicht.

Lukas:
Du meinst, die Kinder kennen mich nicht. Das wundert mich. Ich habe doch zwei ganz berühmte Bücher geschrieben, die fast jeder gelesen hat. Das erste trägt sogar meinen Namen und heißt Lukasevangelium und das zweite heißt Apostelgeschichte.

Mitarbeiterin oder Mitarbeiter:
Du bist also der Lukas, der die beiden Bücher in der Bibel geschrieben hat. Du bist also einer, der sich auskennt, wie das damals war mit Jesus und den Jüngern und mit den ersten Christen ganz am Anfang. Du weißt also Bescheid über das erste Pfingstfest, das Christen gefeiert haben.

Lukas:
Das kann man wohl sagen. Das war 'ne Sache damals: Das erste Pfingstfest der Christen. Das Pfingstfest, wie gesagt, gab's schon vorher. Alle frommen Juden feierten das Erntedankfest fünfzig Tage nach dem Passafest. Und die Jünger von Jesus in Jerusalem feierten mit. Nur: Sie

waren nicht so fröhlich wie die anderen Leute. Der Petrus und die Maria, die Salome und der Jakobus und wie sie alle heißen, die waren vor Pfingsten ziemlich am Boden. Ihr Jesus war ja tot. Und wenn dein bester Freund stirbt, kannst du auch nicht gleich weitermachen, als wäre nichts geschehen. 50 Tage ist das her, seit Jesus tot ist. 50 Tage sind gar nichts für die Trauer.

Mitarbeiterin oder Mitarbeiter:
Wir erzählen den Kindern, dass Jesus auferstanden ist.

Lukas:
Du denkst an die Ostergeschichte. Ja, ja da war was. Jesus ist immer wieder den Jüngerinnen und Jüngern erschienen. Immer wieder haben sie erfahren: »Was sucht ihr den Lebendigen bei den Toten?!« Und die Frauen haben erzählt: »Wir waren beim Grab, und das Grab ist leer.« Die Jünger haben gemerkt, die Sache mit Jesus ist nicht aus und vorbei. Deshalb sind sie auch beieinander geblieben. Aber sie haben nicht gewusst, wie es weitergehen soll. Jesus ist ja nicht mehr da, so wie er früher bei ihnen war. Ihr denkt immer, da muss man nur einmal sagen: Jesus ist auferstanden. Und schon glauben alle an den Auferstandenen, gründen gleich 'ne Kirche ... und die Kinderkirche noch dazu.

Mitarbeiterin oder Mitarbeiter:
Da hab ich, ehrlich gesagt, noch gar nicht so drüber nachgedacht. Das muss ja ein schlimmes Gefühl sein. Du gehst zum Fest und bist nicht in Feststimmung. Alle sind fröhlich, nur du bist traurig. Alle fahren in Urlaub, nur du musst daheim bleiben. Wisst ihr was? Das wollen wir mal spielen, wie das ist: Die einen in Feststimmung, die anderen traurig.

Spielaktion 1:
Fröhliche und Traurige treffen aufeinander
Mitarbeiterin oder Mitarbeiter:
Macht mal alle mit! Wir laufen jetzt alle im Raum herum und sind ganz traurig. Ich spiele ganz traurige Musik dazu. *(traurige Musik einspielen)*
Und jetzt laufen wir alle im Raum herum und sind ganz fröhlich. Ich spiele dazu fröhliche Musik. *(fröhliche Musik einspielen)*
Und jetzt bilden wir zwei Gruppen. *(einteilen)*
Die erste Gruppe läuft fröhlich im Raum umher. *(fröhliche Musik dazu)*
Die zweite Gruppe läuft dazu traurig im Raum umher. *(traurige Musik dazu)*
Sollen wir es jetzt auch mal umgekehrt machen? Dann sind die, die vorher fröhlich waren, jetzt traurig und umgekehrt ...
Jetzt merkt ihr, wie das nicht zusammen passt. Das tut richtig weh in den Ohren und im Herzen. Jetzt setzen wir uns wieder hin und hören, was Lukas weiter erzählt.

Die Stimmung wandelt sich:
Aus Trauer wird Begeisterung
Lukas:
Alle Leute waren fröhlich. In jedem Haus wurde gefeiert. Nur in einem Haus nicht. Da waren die Jünger von Jesus versammelt. Aus allen Fenstern kam fröhliche Musik und Lachen. Nur aus einem Fenster konnte man gar nichts hören.
Und was dann passiert ist, das kann man eigentlich gar nicht erklären. Niemand weiß, wie es angefangen hat. Was haben die Jünger gemacht? Vermutlich das, was sie immer gemacht haben, wenn sie sich getroffen haben. Sie haben an Jesus gedacht. Sie haben erzählt, was sie mit ihm erlebt haben. Und da ist plötzlich die Stimmung ganz anders geworden. Sie reden von Jesus und ihre Stimme ist gar nicht mehr traurig. Es wird ihnen warm ums Herz. Ihnen wird richtig heiß. Sie reden und reden voller Begeisterung. Da wird nicht mehr gejammert und geklagt. Sie reden laut und schnell. Wie Sturmgebraus klingt ihr Gespräch. Jetzt bleiben Leute draußen auf der Straße stehen. »Was ist denn hier los?«, fragen sie. Und plötzlich verstehen sie, was die Jünger da reden. Sie hören und verstehen, was sie von Jesus erzählen. Wie Jesus den Bartimäus gesund gemacht hat, dass der wieder sehen konnte. Wie Jesus die Jünger im Sturm auf dem See Genezareth gerettet hat. Wie er gefangen wurde, verurteilt und hingerichtet. Und sie hören die Jünger immer wieder rufen: »Jesus lebt!« – »Jesus ist bei uns!« – »Halleluja!«
Plötzlich schauen die Leute auf der Straße sich an: »Komisch, ich bin ein Parter und du bist ein Meder. Warum können wir verstehen, was die Leute sagen?«
»Komisch, du kommst aus Phrygien und ich aus Pamphylien. Wir sprechen doch verschiedene Sprachen. Warum können wir uns verstehen?«
»Komisch, du bist ein Elamiter und ich komme aus Mesopotamien. Warum verstehen wir die Leute?«

Mitarbeiterin oder Mitarbeiter:
Da ist wirklich etwas Komisches mit den verschiedenen Sprachen. Das erleben die Leute jetzt auch ganz deutlich, wenn sie auf dem Campingplatz in Italien sind. Da sprechen die im Wohnwagen daneben Holländisch und die im Zelt dahinter sprechen Französisch und in der Pizzeria, der Kellner, spricht italienisch. Wollt ihr mal hören, wie das klingt, so ein richtiges Sprachgewirr?

Spielaktion 2: Sprachengewirr

Mitarbeiterin oder Mitarbeiter:
Ich sage jetzt immer zwei bis drei Kindern ein Wort, und ihr sprecht das Wort nach und wiederholt es immer wieder. Ich sag dann den nächsten Kindern ein nächstes Wort. Die sprechen auch das Wort immer weiter. So entsteht ein richtiges Sprachgewirr mit lauter komischen Wörtern. Ihr müsst dann auch richtig wild durcheinander rufen, damit es richtig merkwürdig klingt.
(Die Mitarbeiterin oder der Mitarbeiter sagt den Kindern folgende Worte vor: Parter, Meder, Phrygien, Pamphylien, Elamiter, Mesopotamien. Weitere Wörter in Apostelgeschichte 2, 9-11)

Lukas:
Das Erstaunliche damals war, dass die Leute sich trotzdem verstanden haben.

Gottesdienste: Von Gottes Geist ergriffen

Vom Heiligen Geist der Gemeinschaft

Mitarbeiterin oder Mitarbeiter:
So etwas Ähnliches hab ich auch mal im Urlaub erlebt. Da waren wir am Meer auf dem Campingplatz. Und da war Gottesdienst. Ich hab ehrlich gesagt nicht viel verstanden. Die Predigt war italienisch. Aber am Schluss haben wir alle das Vaterunser gesprochen, jeder in seiner Sprache. Das war toll. Da haben wir gemerkt: Wir haben was gemeinsam.

Lukas:
Wenn Menschen merken, dass Miteinander besser ist als Gegeneinander ...
Wenn Menschen merken, dass alle Menschen zusammengehören ...
Wenn Menschen merken, dass der Fremde auch ein Herz in der Brust hat ...
Das wäre wirklich ein Wunder, ein Pfingstwunder.

Mitarbeiterin oder Mitarbeiter:
Jetzt erzähl mal weiter. Was haben die Leute damals gedacht?

Lukas:
Das ist schnell erzählt. Die haben gedacht, die Leute sind betrunken. So was kann nicht sein. Traurige Menschen werden fröhlich. Müde werden wach. Fremde werden Freunde. Alle wissen: Wir gehören zusammen. Das kann nicht sein!

Mitarbeiterin oder Mitarbeiter:
Und es ist trotzdem passiert. Warum?

Lukas:
Wegen Jesus. Weil Jesus nicht tot ist, sondern Menschen auch heute froh und glücklich macht.

Mitarbeiterin oder Mitarbeiter: Wie geht das?

Lukas:
Du stellst Fragen! Du weißt doch die Antwort selbst. Ihr feiert doch Gottesdienst jeden Sonntag. Ihr kommt zusammen. Ihr hört von Jesus. Ihr betet zu Jesus. Ihr singt miteinander und freut euch, dass ihr zusammen gehört. Da merkt ihr doch, dass ihr nicht allein gelassen seid auf der Welt. Wenn wir das in Worte fassen wollen, dass Jesus bei uns ist jeden Tag, obwohl wir ihn nicht sehen und anfassen können, dann sagen wir: Jesus ist bei uns im Geist. Und diesen Geist nennen wir den Heiligen Geist.

Spielaktion 3: Lied mit Bewegungen

Mitarbeiterin oder Mitarbeiter:
Das wünsche ich uns auch heute zu Pfingsten, dass bei uns Begeisterung für Jesus aufkommt. Und dass die sich ausbreitet. Ich könnte mir denken, das gelingt uns durch ein Lied. Das Lied kommt aus Afrika. Auch dort singen Kinder von Jesus. In Kamerun singen sie das Lied: »Hoch auf den Berg hinauf«. Wir wollen es lernen.

Up on the mountain top

Text und Melodie aus Kamerun, Übertragung: Gottfried Mohr

Das Lied wird eingeübt. Dabei wird es zuerst auf Deutsch gesungen, dann auf Englisch. Wenn wir das Lied können, stellen wir uns im Kreis auf und machen folgende Bewegungen dazu:

Bewegung:
Up on the mountain top,
Mit einer Hand nach oben zeigen.
down in the valley below,
Mit beiden Händen nach unten zeigen.
go and tell the love of Jesus,
Mit beiden Händen Bewegungen wie ein Sämann machen.
go and tell it everywhere.
Mit beiden Händen den Erdkreis beschreiben.

Jetzt steigern wir das Tempo. Das Lied wird immer schneller. Die Bewegungen immer akrobatischer.

Gebet für unseren Kindergottesdienst und die Kirchengemeinde
Mit den Kindern können gemeinsam Gebetsanliegen überlegt werden.

- Wofür wollen wir danken, wenn wir an unseren Kindergottesdienst und an unsere Kirchengemeinde denken?
- Worum wollen wir für unseren Kindergottesdienst und unsere Kirchengemeinde bitten?

Es folgen das Vaterunser und der Segen.

Bausteine für Gottesdienste, Andachten und Kinderbibeltage

»Der Herr ist auferstanden«
Eine Erzählung mit einem Storybag

(Matthäus 26-28 i.A.)

Autorin: Birgit Schniewind

1. Erzählen mit Storybags

Storybags (= »Geschichten-Taschen«) sind etwa 20 x 25 cm große, in mehreren Schichten und mit verschiedenen Stoffen genähte Taschen. Sie werden beim Erzählen immer wieder und weiter von innen nach außen gekrempelt und enthüllen so eine neue Schicht / einen neuen Stoff. Der wechselnde Stoff illustriert jeweils den entsprechenden Teil der erzählten Geschichte. Die Taschen werden dazu – gleich einem Handschuh – auf die Hand gesetzt und eignen sich so auch für eine größere Gruppe oder eine Gottesdienstgemeinde.
Die Geschichten-Taschen werden für verschiedene Geschichten individuell hergestellt. Man kann sie über www.storybags.co.uk beziehen. Dort findet man auch weitere Informationen zu dieser Erzählmethode und den Taschen. Das Krempeln und das Wenden muss im Vorfeld geübt werden.

2. Die Erzählung zu Matthäus 26-28

Jesus ist viel mit seinen Freunden durch das Land Israel gezogen. Er erzählt von Gott. Doch er erzählt anders als die Pharisäer und Schriftgelehrten, als die Priester im Tempel. Was er sagt, gibt den Menschen Hoffnung. Licht fällt in ihr dunkles Leben.

Viele Menschen kommen neugierig zu Jesus. Sie hören ihm zu. Sie hören: »Gott hat dich lieb. Er ist wie ein Hirte, der sich um seine Schafe sorgt. Er führt dich auf rechter Straße, um seines Namens willen. Sein Stecken und Stab trösten dich.« Sie hören: »Gott vergibt dir deine Schuld. Du kannst neu anfangen mit Gott. Oder mit deinem Nächsten.«

Bausteine: »Der Herr ist auferstanden« 47

Sie hören: »Gott liebt mich!« Sie sehen, Gottes Liebe in Jesu Augen. Sie fühlen Gottes Trost in Jesu Berührungen. Sie fühlen Wärme, Nähe, Kraft. So ist es noch nie gewesen.

Doch nicht alle finden gut, was Jesus erzählt, was Jesus im Namen Gottes tut. Sie sagen: »So geht es nicht! Gesetze müssen eingehalten werden! Das will auch Gott.« Die Menschen lassen Jesus allein. Auch seine Freunde und Freundinnen lassen ihn allein. Jesus redet mit Gott.

»Hilf mir! Ich habe Angst. Ich bin traurig.« Jesus weiß, die Menschen fürchten sich auch vor ihm. Sein Weg für Gott macht ihnen Angst.

»Vater gib mir Kraft, meinen Weg bis zum Ende zu gehen. Sei Du bei mir.«

»So darf man nicht von Gott reden«, sagen die Pharisäer und Schriftgelehrten. »Alles soll so bleiben, wie es ist. Jesus muss weg. Er darf nicht mehr so reden. Nur Gott kann Schuld vergeben. Jesus lästert Gott. Er muss sterben!«

Wer mag, kann hier eine gelbe Seite in eine schwarze Seite verwandeln oder einfach mit der blauen Seite weitererzählen.

Jesus wird wegen Gotteslästerung verurteilt. Jesus stirbt am Kreuz.

Nur die Frauen sind dabei. Sie weinen. Die Jünger sitzen im Haus und sind verzweifelt: »Wie soll es weitergehen? Werden auch wir verhaftet?« Sie trauen sich nicht, aus dem Haus zu gehen. Aber Maria aus Magdala geht hinaus. Sie will zum Grab gehen und etwas tun. Sie will Jesus nahe sein. Doch sie erlebt: Der Stein ist vom Grab weggerollt.

Es ist wahr, was Jesus gesagt hat: „Ich bin die Auferstehung und das Leben!" Maria aus Magdala erlebt: Jesus ist auferstanden. Sie hört: „Ich bin bei euch alle Tage bis an das Ende der Welt.«

Maria aus Magdala hat es den anderen erzählt. Alle erleben den auferstandenen Jesus. Sie spüren: Es wird wieder hell in unserem Leben! Ein warmes Licht kommt zu uns. Hoffnung begleitet sie. Es ist wahr, was Jesus immer gesagt hat: „Ich werde auferstehen."

Liedruf: Der Herr ist auferstanden! Er ist wahrhaftig auferstanden! Halleluja!
(KuS 115 singen. Erst einstimmig, dann als Kanon.)

Fotos: © David Ruddat

Mein Osterkreuz
Eine Bastelarbeit

(Matthäus 26-28 i.A.)

Autoren: Karin Riedel / Uli Gutekunst (Illustrationen)

1. Zu den Symbolen dieses besonderen Osterkreuzes

Illustrationen:
© Uli Gutekunst, www.uli-gutekunst.de

Was haben ein Fläschchen und Fußspuren damit zu tun, wie Jesus gestorben und wieder lebendig geworden ist? Nun, eine ganze Menge, wie mit Hilfe dieser Bastelarbeit gezeigt werden kann. Die einzelnen Symbole stehen für fünf verschiedene Abschnitte aus der Passionsgeschichte des Matthäus:
- das Salbölfläschchen – die Salbung in Bethanien (Matthäus 26,6-13)
- Brot und Kelch – das Abendmahl (Matthäus 26,17-30)
- die Dornenkrone – Verspottung Jesu (Matthäus 27,1-30 i.A.)
- die Sonne – Auferstehung Jesu (Matthäus 28,1-10)
- Fußspuren – Sendung der Jünger/innen (Matthäus 28,16-20)

Obwohl es ein Oster-Kreuz ist, wird es erst nach Ostern fertig. Ostern geht nämlich weiter. Im wahrsten Sinne des Wortes. Die Freunde von Jesus wollen, dass möglichst alle Menschen von diesen Erlebnissen mit Jesus erfahren. In der ganzen Welt. Deshalb machen sie sich auf den Weg. Früher zu Fuß, weshalb als Zeichen dafür die Fußspuren gewählt sind.

2. Bastelanleitung

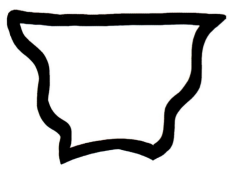

Zu jeder der genannten Erzählungen gibt es in diesem Kreuz ein Bildchen und einen Sonnenstrahl. Diese beiden Teile braucht man dann nochmals, ohne Bild und ohne Farbe (s. Vorlagen hier und S. 49-50). In die freie Bildfläche können die Kinder eine Szene aus der biblischen Geschichte malen. Oder etwas, was ihnen in Verbindung mit der Geschichte wichtig ist. Oder einfach ein schönes Muster. Auch den Sonnenstrahl malen sie an.
Jetzt geht es ans Zusammenkleben. Achtung: Das Osterkreuz passt nur dann, wenn die schon bunten Teile nicht mit den selbst gestalteten Teilen vermischt werden. Das heißt, die schon farbigen Teile ergeben die eine Seite und die von den Kindern selbst gestalteten Teile ergeben die andere Seite des Kreuzes.
Der erste farbige Sonnenstrahl (Vorlage Seite 49 rechts und Seite 50) wird also links auf die dicke Linie des farbigen Fläschchenteils geklebt.
Dann nehmen die Kinder ihren selbst ausgemalten Sonnenstrahl und kleben ihn rechts an das von ihnen gestaltete Bild der Geschichte.
Anschließend werden die beiden Teile (das bereits illustrierte und das selbst gestaltete) an den Rückseiten zusammengeklebt.
So wird das nach und nach mit allen Teilen bei den einzelnen Geschichten gemacht.
Die so vorbereiteten Teile werden am besten in einem Briefumschlag aufbewahrt, damit sie nicht verloren gehen, bis alle Teile des Osterkreuzes nach der letzten Geschichte zusammengeklebt werden können.

Oben: Bildteil zur Salbung in Bethanien
Unten: dasselbe Bildteil zum Ausmalen für die Kinder / Die weiteren Teile S. 44

Bausteine: Mein Osterkreuz 49

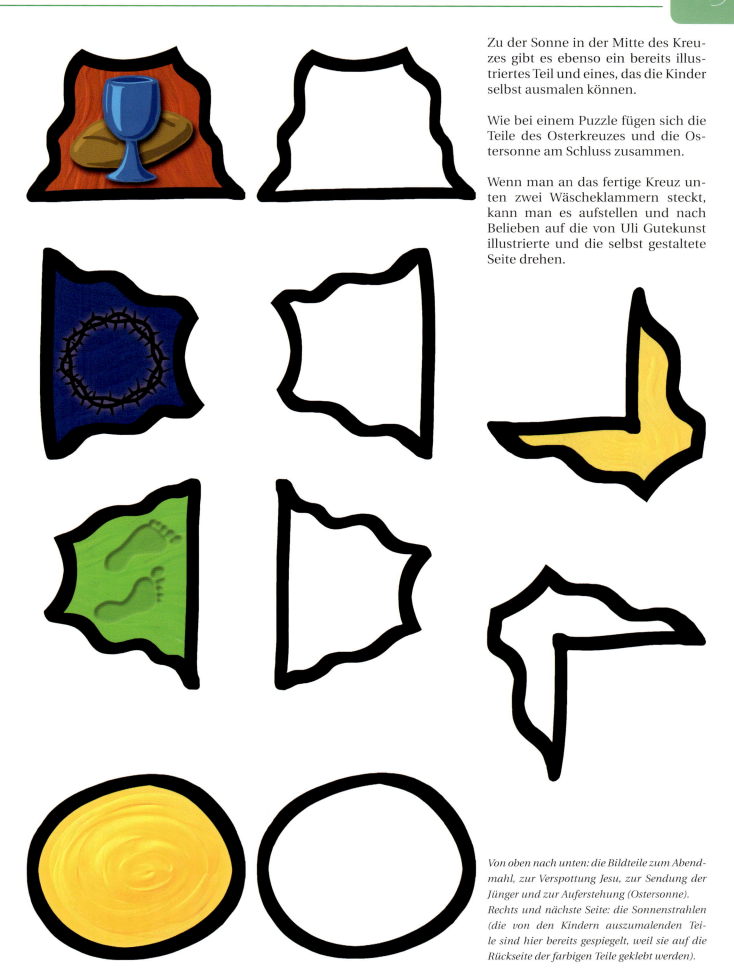

Zu der Sonne in der Mitte des Kreuzes gibt es ebenso ein bereits illustriertes Teil und eines, das die Kinder selbst ausmalen können.

Wie bei einem Puzzle fügen sich die Teile des Osterkreuzes und die Ostersonne am Schluss zusammen.

Wenn man an das fertige Kreuz unten zwei Wäscheklammern steckt, kann man es aufstellen und nach Belieben auf die von Uli Gutekunst illustrierte und die selbst gestaltete Seite drehen.

Von oben nach unten: die Bildteile zum Abendmahl, zur Verspottung Jesu, zur Sendung der Jünger und zur Auferstehung (Ostersonne). Rechts und nächste Seite: die Sonnenstrahlen (die von den Kindern auszumalenden Teile sind hier bereits gespiegelt, weil sie auf die Rückseite der farbigen Teile geklebt werden).

50 Bausteine: Mein Osterkreuz

Bei den Sonnenstrahlen bilden immer die beiden, die untereinander stehen, die Vorder- und Rückseite des Osterkreuzes.)

Das Osterkreuz als Ganzes

*Illustrationen:
© Uli Gutekunst, www.uli-gutekunst.de*

Passion und Ostern nach Matthäus
Gespräch eines heutigen Jungen mit Jesus
(Matthäus 26-28 i.A.)

Autoren: Andreas Weidle, Dieter Kani (Illustrationen)

Die kurzen Gedanken zu einzelnen Erzählungen aus dem Matthäusevangelium wollen eine Brücke zwischen dem Bibeltext und Erfahrungen der Kinder heute herstellen. Sie können bei älteren Kindern zu eigenem Nachdenken anregen und als Impulse in Gruppen wahlweise verwendet werden. Dazu können auch die kleine Bildszenen dienen, die sich jeweils auf die Impulsgedanken beziehen..

Ankündigung der Verleugnung
(Matthäus 26,3-35)

Großmaul

Ach Jesus, wie oft hat Jens mir versprochen, dass er nach der Schule mit mir spielt. Aber wenn ich mit den Hausaufgaben fertig bin, hat er immer etwas anderes vor. Oder er spielt mit anderen Kindern. Und ich habe gedacht, wir sind Freunde!
Alles leere Versprechungen. Das ärgert mich. Ich glaube ihm kein Wort mehr. Mit dem spiele ich auch nicht mehr. Nie mehr!
Dein Petrus ist doch auch so einer. Redet groß raus und hat's ganz wichtig dabei: dass er dich nicht im Stich lässt, dass er auf deiner Seite steht, dass er sogar mit dir sterben würde, wenn's denn sein müsste. Pah, große Worte. Später, wenn's drauf ankommt, sind sie vergessen. Bloß Worte eben. Kein Hahn kräht mehr danach.
Ärgert dich das denn auch, wenn einer den Mund so voll nimmt? Weißt du, was mich wundert? Dass du den Petrus nicht einfach wegschickst. Dass du ihm sogar den Becher mit dem Wein reichst und sagst: »Wir bleiben Freunde für immer«.
Meinst du, der Petrus kann noch was lernen, über große Worte, Freundschaft, und Tun, was man sagt, und so …?

Gethsemane
(Matthäus 26,36-46)

Augen zu und durch

Mensch, Jesus, wie kann man freiwillig schlafen! Ich muss immer so früh ins Bett, dabei bin ich noch gar nicht müde. Eine ganze Nacht mit dir wach bleiben, das wäre was für mich. Ich würde bestimmt nicht einpennen.
Das heißt: Wenn wir am nächsten Tag eine Klassenarbeit schreiben, dann würde ich am liebsten im Bett bleiben. Ganz freiwillig. Augen zu – und nichts mehr davon wissen. Einfach alles verschlafen: das Aufgeregtsein, die Angst vor den Fehlern und die blöden Noten.
Meinst du, deine Jünger haben auch Angst gehabt? Weil du doch vom Ende gesprochen hast: vom Auseinandergehen, sogar vom Sterben? Wer will das schon hören? Das ist schlimmer als eine Klassenarbeit.
Meinst du, die wollten einfach abschalten, nichts mehr sehen, nichts mehr hören, nur schlafen?
Komisch: Du warst wach in dieser Nacht, hellwach. Dabei hattest du doch am meisten Angst, oder?
Du hast mit deinem Vater gesprochen. Reden gegen die Angst, wie ich mit Mutter, wenn ich schlecht geträumt habe. Das hilft. Das ist vielleicht besser als Augen zu und durch. Beten gegen die Angst. Und Gott hört, wie eine Mutter, wie ein Vater. Hast du das deinen verschlafenen Freunden gesagt?

Bild zu: Ankündigung der Verleugnung

Bild zu: Gethsemane

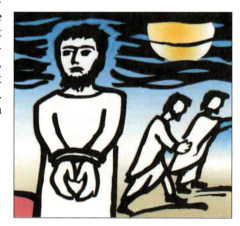

*Bild zu: Gefangennahme
(Erzählung s. Seite 52)*

Bausteine: Passion und Ostern nach Matthäus

Gefangennahme
(Matthäus 26,47-56)

Abhauen ist so leicht
Abhauen, wenn's gefährlich wird. Einfach verduften, wenn's brenzlig wird. Die Fliege machen, wenn das Dableiben unangenehm ist.
Das kenne ich auch. Bloß schnell weg, bevor der Hausmeister die zerbrochene Scheibe entdeckt. Bloß weg, bevor es Motze gibt und Strafarbeit und so.
Den Maier aus der B-Klasse hat's erwischt. Der war nicht schnell genug. Nachsitzen. Er allein. Für uns alle. Armer Kerl.
Manchmal zwickt es in mir drinnen und dann denke ich: ganz schön gemein von uns. Der Maier hat den Ball gar nicht geschossen. Und wir sind abgehauen.
Jesus, was denkst du über deine Jünger? Die waren ja nicht viel anders. Einer hat mit dem Schwert gefuchtelt und den starken Max gespielt. Aber den kennen wir ja.
Die anderen sind abgehauen, als die Soldaten gekommen sind. Du warst ganz allein, wieder einmal. Warst du enttäuscht? Hast du dich geärgert? Hast du gedacht: Was sind das für Feiglinge?
Du bist freiwillig dageblieben. Wieso eigentlich?
Du bist schon vorher nicht abgehauen, als sie immer wieder über dich tuschelten. Du bist nicht einfach verduftet, als es für dich brenzlig wurde. Du hast dich nicht versteckt im dunklen Garten Gethsemane, als sie dich holen wollten. Wäre eigentlich ganz leicht gewesen. Du hast durchgehalten. Du bist für das, was du gesagt und getan hast, geradegestanden. Bis zuletzt. Du allein. Ganz schön mutig.
Du meinst, ich könnte …?

Kreuzigung
(Matthäus 27,31-56)

Einmal der »King« sein
Jesus, warum hast du's denen eigentlich nicht gezeigt? Du bist doch stark. Du bist mächtig. »Unser König«, sagt Oma immer. Und dann lässt du dich von denen, die unter dem Kreuz stehen, so verspotten und auslachen. Wie ein Schwächling.
Das versteh ich nicht, Jesus. Du hättest doch deinen Engeln befehlen können, dass sie die ganzen Soldaten verhaften. Du hättest doch das Kreuz mit links zerbrechen können und denen zeigen, wer hier der Boss ist.
Warum bist du nicht einfach vom Kreuz herabgestiegen? Das hätte Eindruck gemacht. Aber du? Du lässt dir das alles gefallen. »Unser König« mit einer Dornenkrone! Wunderst du dich da, wenn die Leute über dich lachen?
Oma sagt, die lachen alle nicht mehr, wenn sie selber fertig gemacht werden, wenn sie selber auf der schwachen Seite sind, wenn das Leben schwer wird. »Und dann«, sagt Oma, »dann hab ich meinen Jesus an der Seite. Sein Kreuz ist das Zeichen, das er mich nicht alleine lässt. Auch nicht, wenn ich sterben muss.«
Stimmt das, Jesus? Das wäre ja eigentlich echt stark …

Die Frauen am Grab
(Matthäus 28,1-10)

Dein Engel hat gut reden …
Du, Jesus!
»Habt keine Angst«, sagt der Engel. Das ist leichter gesagt als getan. Wenn ich mir das so vorstelle: Da ist auf dem Friedhof ein offenes Grab. Mich gruselt das jedes Mal, wenn ich in die dunkle Erde hinunterschaue. Und dein Engel sagt: »Habt keine Angst!« Dabei ist das so schrecklich, in einem so dunklen feuchten Loch zu liegen und tot zu sein. Oder?
Und dann ist da ein Fremder und der sagt: »Der tote Jesus ist nicht mehr da. Er ist auferstanden. Er lebt. Habt also keine Angst!«
Da erschrickt doch jeder, wenn plötzlich irgendwie alles anders ist und ein Toter lebendig sein soll?
Du bist nicht tot, Jesus, das weiß ich. Du bist so lebendig, dass ich mit dir reden kann. So lebendig, dass ich dir meine Angst sagen kann. So lebendig, dass ich am Grab von Opa denk: Er ist nicht hier, er ist auferstanden und bei dir, Jesus. Und wenn ich selber Angst habe vor dem Totsein, dann nimmst du mich in meinen Gedanken in den Arm und sagst: »Hab keine Angst. Ich bin doch immer noch da. Auch dann.«
Wenn du das tust, Jesus, dann fällt mir ein Stein vom Herzen. Mindestens so groß, wie der, der am Ostermorgen von deinem Grab weggeflogen ist. Und dein Engel flüstert mir ins Ohr: »Hab keine Angst in der Angst!« Das ist wie eine Osterüberraschung, immer wieder.

Bild zu: Kreuzigung (s. oben)

Bild zu: Die Frauen am Grab (s. oben)

Bausteine: Die letzten beiden Tage

Die letzten beiden Tage
Eine Lesung der Passionsgeschichte
(Markus 14 u. 15)

Autor: Frank Widmann

1. Vorbemerkungen

Die Passionsgeschichte in den Evangelien ist unglaublich »dicht« erzählt. Das mag daran liegen, dass sie den Kern der Überlieferung von Jesus bildet. Hier lesen wir die ältesten Erzählungen des Neuen Testaments. Sie sind recht fest formuliert; die Evangelien weichen verhältnismäßig wenig voneinander ab. Überhaupt könnte man die Evangelien »Passionsgeschichten mit ausführlicher Einleitung« (Martin Kähler) nennen. Von den 16 Kapiteln etwa des Markusevangeliums erzählen fünf von der knappen Woche, die Jesus vor seinem Tod in Jerusalem war, alleine zwei von den letzten beiden Tagen.

Selten lesen wir biblische Texte im größeren Zusammenhang. Meist nehmen wir uns einzelne Erzählungen oder Sinnabschnitte vor. Es hat aber durchaus seinen Reiz, einmal ein oder mehrere Kapitel am Stück zu lesen und zu hören. Gerade ältere Kinder interessieren sich oft auch dafür, das »Ganze« in den Blick zu nehmen und zu verstehen.

Das Markusevangelium ist höchstwahrscheinlich das älteste der Evangelien. Deshalb schlage ich es für die kleine Lese-Aktion vor. Matthäus und Lukas sind allerdings im Umfang fast gleich; man könnte auch sie nehmen. Diese gemeinsame Lektüre eignet sich für Kinder ab der weiterführenden Schule (ca. 11 Jahre aufwärts). Sie verlangt, dass die Kinder oder Jugendlichen ein gewisses Konzentrationsvermögen mitbringen. Und sie sollten die erzählten Geschehnisse in ihr Vorwissen über Jesus, auch über Passion und Ostern einordnen können.

2. Setting

Die Gruppe steht in einem Kreis im Raum. Es ist am besten kein Arbeitsraum, vielleicht geht man dazu auch in die Kirche. Auf Tischen, Stühlen oder einfach am Boden liegen Karten (A4 oder A5) mit einfachen Symbolen zu den Abschnitten von Markus 14 und 15 (in der richtigen Reihenfolge):

a. 14,1+2	Tötungsbeschluss	Gruppe (Hohepriester, Schriftgelehrte)	
b. 14,3-9	Salbung in Betanien	Salbgefäß	
c. 14,10+11	Verrat des Judas	Münzen	
d. 14,12-26	Abendmahl	Brot und Kelch	
e. 14,27-31	Ankündigung der Verleugnung	Hahn	
f. 14,32-42	Gethsemane	Kelch	
g. 14,43-52	Gefangennahme	Schwert	
h. 14,53-65	Vor dem Hohen Rat	Faust	
i. 14,66-72	Verleugnung des Petrus	Feuer	
j. 15,1-20a	Verurteilung und Verspottung	Dornenkrone	*Zeichnungen der*
k. 15,20b-41	Kreuzigung	drei Kreuze	*Symbole:*
l. 15,42-47	Grablegung	Felsengrab mit Rollstein	*Hanna Hitzelberger*

a. b. c. d. e. f.

Bausteine: Die letzten beiden Tage

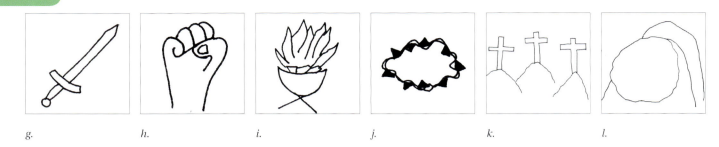

g.　　　　　　　h.　　　　　　　i.　　　　　　　j.　　　　　　　k.　　　　　　　l.

3. Lesung

Für jede Person liegt eine Bibel bereit. Sinnvoll ist es, nur mit einer Übersetzung zu lesen. Der Luthertext bietet sich an, weil er nicht so »glatt« eingeht und dennoch in seiner sprachlichen Form bekannt ist. Ebenso kann man natürlich die leicht erfassbare Gute Nachricht oder etwa die BasisBibel verwenden. Alternativ kann man die Textabschnitte auf Karten ausdrucken und griffbereit zu den jeweiligen Symbolen legen.

Der Bibeltext wird nun reihum gelesen. Dazu tritt jede Person, bevor sie liest, ein Stück nach vorne zum entsprechenden Passions-Symbol. Die anderen hören einfach zu oder lesen, wenn sie mögen, still für sich mit. Die Lesung wird nicht unterbrochen. Die verantwortliche Person gibt lediglich, wenn es nötig ist, kurz den »Einsatz«. Am besten gibt man gleich zu Beginn klare Anweisungen, damit sich eine aufmerksame, vielleicht sogar meditative Stimmung einstellen kann:

Wir lesen jetzt miteinander, wie im Markusevangelium von den letzten beiden Tagen Jesu erzählt wird. Es ist keine schöne Geschichte, eher eine traurige. Da passieren grausame Dinge, aber sie machen uns keine Angst.
Ihr seht den Ablauf der Geschichten schon auf den Karten, die da ausliegen. Gegenstände und Symbole zeigen etwas, das im jeweiligen Abschnitt vorkommt.
Wir lesen einfach reihum. Lest langsam und deutlich. Wer mit Lesen dran ist, tritt einen Schritt zu der Symbolkarte hin. Die anderen können einfach zuhören oder still mitlesen. Lasst uns einfach nur lesen. Alles, was es zu besprechen oder zu fragen gibt, können wir auf nachher aufheben. Ich beginne mit dem ersten Abschnitt ...

Wenn jemand in der Gruppe nicht gut und flüssig lesen kann, trifft man im Vorfeld eine kurze Absprache. Wenn es ihm oder ihr sehr peinlich ist, kann man ihn oder sie einfach überspringen. Wenn eine Gruppe gut vertraut miteinander ist, kann sie aber so eine »Schwäche« gut ertragen. Dann soll die betreffende Person eben keinen allzu langen Abschnitt lesen.

Nach dem gemeinsamen Lesen geht man in den üblichen Gruppenraum und setzt sich. Hier können nun nach dem langen Hören Fragen und Anmerkungen Platz haben. Dafür muss man je nach Gruppe etwas Zeit einplanen.

4. Rahmen

Diese kleine Leseaktion kann auch Teil einer Andacht sein oder mit einem kleinen liturgischen Rahmen versehen werden.

Dafür bietet sich Psalm 22 an.

Mögliche Lieder wären:
- Korn, das in die Erde, in den Tod versinkt (EG 98, KuS 94, LJ 74, KG 59, KKL 100)
- Holz auf Jesu Schulter (EG 97, KuS 98)
- Als Jesus gestorben war (KuS 100, MKL 1 113, LH 2 258)
- Es geht ein Weinen um die Welt (KuS 102, KG 55)
- Kreuz, auf das ich schaue (EG RT, KuS 104)
- Verraten, verspottet (KuS 108)

Begegnungen mit Folgen
Drei perspektivische Erzählungen

(Markus 15 und 16 i.A.)

Autor: Rainer Ollesch

1. Erzählung: Barabbas

In der Gefängniszelle
Barabbas sitzt auf dem Boden und starrt vor sich hin. Er ist im Gefängnis und wird nie mehr herauskommen. Die Tür ist von außen mit mächtigen Riegeln zugesperrt. Er wartet auf sein Todesurteil.
Es wird nicht mehr lange dauern. Draußen hört er schon die Menschen, die immer zusammenströmen, wenn einer hingerichtet wird. Nur noch ein paar Stunden, dann wird er Schritte hören: Schritte von Soldatenstiefeln; Schritte, die immer näher kommen. Bis einer »Halt!« schreit. Dann werden sie die Tür aufreißen: »Mitkommen, Barabbas!« Sie werden ihn zu Pontius Pilatus schleppen. Und der wird den Befehl geben: »Kreuzigt ihn!« Das ist die Strafe für Aufruhr und politischen Mord.
Barabbas denkt an seine Kinder. Vielleicht haben die ihn bald vergessen und wissen nur noch das eine: Barabbas – gelitten unter Pontius Pilatus, gekreuzigt, gestorben und begraben.

»Mitkommen, Barabbas!«
Er sitzt auf dem Boden und wartet auf den Tod. Da plötzlich ein Schrei: »Kreuzigt ihn!« Tausende von Menschen schreien das. Das Todesurteil für Barabbas! Dann noch einmal: »Kreuzigt ihn!« Und dann hört er die Schritte: Schritte von Soldatenstiefeln. Schritte, die immer näher kommen. Bis einer »Halt!« schreit. Sie reißen die Tür auf: »Mitkommen, Barabbas!« Sie zerren ihn durch die finsteren Gänge bis zum Eingang. Da steht er und wartet auf sein Todesurteil.
Und Pontius Pilatus? »Du bist frei!«, sagt er. Frei? Barabbas hebt langsam den Kopf. Frei? »Du kannst gehen!«, sagt der Statthalter. Gehen? Barabbas bleibt wie angewurzelt stehen. »Nun geh schon!«, fährt ihn einer der Soldaten an.
Da macht Barabbas einen ersten Schritt. Dann noch einen. Als keiner hinter ihm herkommt, geht er weiter. Zuerst langsam, dann immer rascher.

»Wer ist der Mann?«
Als er sich noch einmal umschaut, da sieht er die Menschenmenge. Sie stehen da und gaffen. Aber sie schauen nicht ihm nach. Nein, sie strecken ihre Hälse nach einem anderen Mann aus. Der steht da oben – nicht weit weg von der Stelle, an der eben noch Barabbas stand. Jetzt wird er gerade ausgepeitscht. Er trägt eine Dornenkrone.
Wer ist der Mann? Barabbas hört, wie jemand sagt: »Gleich werden sie Jesus hinausführen.«
Jesus? Wer ist das? Barabbas weiß es nicht. Aber eines weiß er genau: Jetzt werden sie diesen Jesus kreuzigen. Er wird an dem Kreuz hängen, an dem eigentlich Barabbas hängen sollte.
Barabbas fasst sich an den Kopf. Ist das zu begreifen? Er kommt frei, weil Jesus gefangen bleibt! Er kann nach Hause gehen, weil Jesus ans Kreuz geht! Er kann leben, weil Jesus stirbt! Ist das zu begreifen? Nein, Barabbas kann es nicht begreifen. Jedenfalls nicht heute. Vielleicht wird er später einmal sagen: »Jesus, ich danke dir.«
(Markus 15,6-15)

2. Erzählung: Simon von Kyrene

Simon kommt vom Feld. So wie jeden Tag, seitdem er nicht mehr in Kyrene wohnt, drüben in Nordafrika. Die Sonne sticht vom Himmel und die Arbeit ist schwer gewesen. Simon ist hundemüde und er will nur eines: nach Hause in die Stadt! Ausruhen!

Was ist da los?
Aber – was ist da los? Als er aufschaut, sieht er Menschen. Viele Menschen. Einen langen Zug von Menschen, die durchs Stadttor herauskommen. Wo wollen sie hin? Als Simon näher kommt, da weiß er es: Sie gehen nach Golgatha. Auf den Hügel vor der Stadt. Dort werden die Verbrecher gekreuzigt.
Diesmal sind es drei. Sie gehen da und tragen ihr Kreuz. Den Querbalken. So ein Balken ist schwer. Aber sie müssen ihn tragen. Sie gehen in der Mitte. Links und rechts sind Soldaten. Und die Menschen laufen mit und schauen zu.

Nichts wie weg!
Simon will fort. Er will nichts mit den Soldaten zu tun haben. Und mit Verbrechern auch nicht. Simon aus Kyrene nicht! Aber gerade da bricht einer der drei zusammen. Er trägt eine Dornenkrone. Er bricht zusammen. Er kann nicht mehr.

Simon will das nicht mitansehen. Er, Simon von Kyrene nicht! Er will fort. Doch es ist zu spät. Ein Soldat kommt auf ihn zu: »Du da, komm her!« – »Ich?« Simon erschrickt zu Tode. – »Ja, du, mach schon!« Simon geht langsam ein paar Schritte nach vorn. »Los, trag dem da das Kreuz!« – »Ich?« Simon hebt abwehrend die Hände. »Ja, du!«, sagt der Soldat. »Nimm das Kreuz, und trag es ihm! Los!«

Kreuzweg
Da bückt sich Simon und nimmt dem Mann den Balken ab. Er lädt sich selbst das Kreuz auf die Schulter. Solch ein Balken ist schwer. Entsetzlich schwer. Aber nun muss er ihn tragen. Und so gehen sie. Vorne der Mann mit der Dornenkrone. Ihm folgt Simon nach und trägt ihm das Kreuz. Dann die anderen Verbrecher. Und Simon muss dem Mann den Balken tragen, bis sie auf dem Hügel sind.
Wer ist der Mann? Simon hört, wie jemand sagt: »Mit Jesus ist es jetzt aus!« Jesus? Wer ist das? Simon weiß es nicht. Aber er sieht, wie dieser Jesus gekreuzigt wird. Wie er am Kreuz hängt. Und wie er stirbt.

Nachfolger wider willen
Als Simon am Abend nach Hause kommt, findet er keine Ruhe. Ausruhen? Nein, er muss erzählen, was er erlebt hat. Seine Söhne hören zu. Sie heißen Alexander und Rufus. Jahre später, da reden sie immer noch von Jesus. Und jetzt erst recht. Denn nun wissen sie etwas von ihm. Viel mehr als damals. Sie wissen auch, dass Jesus gesagt hat: »Wenn mir jemand nachfolgen will, dann soll er sein Kreuz auf sich nehmen und mir nachfolgen.«
Unser Vater, der hat das getan, sagen Alexander und Rufus. Er, Simon aus Kyrene. Er wollte es gar nicht, aber er hat es getan. Er hat Jesus das Kreuz getragen und ist mit ihm gegangen. Wir wollen es jetzt auch tun.

(Markus 15,21-39)

3. Erzählung: Salome

Salome wischt sich die Tränen aus den Augen. Sie geht zu einem Grab. Zu dem Felsengrab, in dem Jesus liegt. Zwei andere Frauen gehen mit ihr. Sie haben Öle und Salben gekauft und wollen den toten Jesus einbalsamieren. So tut man es in ihrem Land, wenn ein Mensch gestorben ist. Es ist noch früh am Morgen. Gerade geht die Sonne auf.

Salome wundert sich
Plötzlich bleibt Salome stehen. Sie schlägt sich an die Stirn. »Was hast du?«, fragen die anderen. »Warum gehst du nicht weiter?« – »Der Stein!«, sagt Salome. »Der liegt vor dem Grab und versperrt uns den Weg, riesig groß und schwer. Wir können nicht an Jesus heran. Wer schafft uns den Stein fort?« Und dann gehen sie doch weiter.
Aber als Salome aufblickt, da kann sie ihren Augen nicht trauen. Kann das denn wahr sein? »Der Stein! Der große, schwere Stein – er ist fort! Er liegt nicht mehr vor dem Grab. Er ist zur Seite gewälzt! Seht nur!«

Was will der Fremde?
Ja, der Stein ist fort. So können sie in das Grab hinein. Und dort, da sitzt ein junger Mann. Er trägt ein Gewand, leuchtend weiß wie das Licht. Die Frauen halten sich gegenseitig fest, als sie ihn sehen. Was will er? Doch der Fremde spricht sie freundlich an: »Habt keine Angst! Ihr sucht Jesus von Nazareth. Jesus, den sie gekreuzigt haben. Aber er ist auferstanden. Er ist nicht hier bei den Toten. Geht und sagt es seinen Jüngern! Er wird vor euch her nach Galiläa gehen. Dort hat alles angefangen zwischen Jesus und euch. Und dort werdet ihr ihn sehen.«

Kann das denn wahr sein?
Da geht Salome los. Sie geht aus dem Grab heraus. Gehen? Nein, sie läuft, Hals über Kopf. Nur fort von diesem Grab. Sie sieht gar nicht mehr, wo die anderen bleiben. Nur fort! Bloß nach Hause! Niemand sagt sie, was sie erlebt hat. Niemand sagt sie, was sie gehört hat. Nur fort! Der Schreck sitzt ihr in den Gliedern.
Erst am Abend hat sie sich ein wenig beruhigt. »Jesus ist auferstanden«, hat der Fremde gesagt. Wenn das wahr wäre! Wenn das wahr wäre, dann könnte man singen und tanzen vor Freude. »Jesus ist auferstanden?« Mein Gott, kann das denn wahr sein? Salome möchte es so gerne glauben. Aber es geht nicht. Noch nicht. Wird sie eines Tages singen und tanzen können?

(Markus 16,1-8)

Kreuzweggeschichten
Fünf kurze Ich-Erzählungen und Gebete

(Lukas 22-24 i. A.)

Autorin: Charlotte Altenmüller

1. Erzählung: Der Knecht des Hohenpriesters

Jesus hat mein Ohr geheilt

Also, mir tut mein Ohr heute noch weh, wenn ich daran denke, was letztes Jahr um diese Zeit passiert ist. Ich war damals Knecht des Hohenpriesters in Jerusalem. Es geschah in der Nacht des Passafestes, das ist ein großer jüdischer Feiertag. Viele Leute von außerhalb waren in die Stadt gekommen, um das Passamahl mit ihren Familien zusammen zu feiern. Da müssen die Wachen und Soldaten immer besonders aufpassen, dass es nicht zu Unruhen kommt.

Jedenfalls habe ich mich nicht sehr gewundert, als mein Herr mich noch am späten Abend zu einem Einsatz zusammen mit anderen Knechten und römischen Soldaten herbeirief. Wir sollten einen Mann namens Jesus verhaften. Er stand unter dem Verdacht, ein Aufrührer und Unruhestifter zu sein. Ein Freund von ihm war gekommen und sagte: »Ich kann euch zeigen, wo er sich aufhält.« Judas hieß er. Er bekam Geld dafür, natürlich! Er wollte uns zu diesem Jesus führen, dass wir ihn ergreifen und verhaften konnten.

Wir zündeten also unsere Fackeln an, nahmen Knüppel und Schwerter und liefen los. Acht Mann waren wir, die Judas durch die dunkle Stadt folgten. Schließlich führte er uns in einen Garten namens Gethsemane.

Und tatsächlich: Jesus war dort. Er redete gerade mit drei Freunden, die anscheinend auf der Wiese geschlafen hatten. Judas, mit seinem Beutel voller Silbermünzen, ging voran. Schon stand er vor Jesus. Er grüßte und küsste ihn. Dieser Kuss war das vereinbarte Zeichen. Jetzt wussten wir, wen wir festnehmen sollten.

Als wir hinter den Bäumen hervortraten, war Jesus gar nicht überrascht. Es war merkwürdig: Ich hatte das Gefühl, dass er uns erwartet hatte. Er leistete keinen Widerstand und versuchte auch nicht zu fliehen.

Dann aber geschah es: Ich wollte Jesus gerade packen und seine Hände fesseln, da zog einer seiner Freunde das Schwert, stürzte sich auf mich und schlug zu. Er schlug mir mein Ohr ab! Ich schrie auf und ein schrecklicher Schmerz brannte an meinem Kopf. Sofort zogen die anderen Soldaten ihre Schwerter, um auf den Freund Jesu loszugehen. Aber da hob Jesus beschwichtigend die Hand. Er berührte meine Wunde – und plötzlich tat nichts mehr weh! Ich griff an die Stelle und fühlte, mein Ohr war wieder geheilt! Es war unglaublich!

Und dann hörte ich Jesus zu seinem Freund sagen: »Stecke dein Schwert weg. Wer zum Schwert greift, wird durch das Schwert umkommen.« Da ließ der das Schwert sinken und es fiel auf den Boden. Jesus ließ sich dann widerstandslos von uns abführen. Seine Freunde aber flohen in den dunklen Garten davon.

Ich habe mir oft überlegt, wieso dieser Jesus ausgerechnet mich geheilt hat. Ich war doch sein Feind! Und er wusste, dass er zum Tode verurteilt würde, wenn wir ihn gefangennehmen.

Dass ein Mensch so viel Liebe in sich haben kann, dass er seinen Feinden hilft? Das lässt mir bis heute keine Ruhe.

(nach Lukas 22,47-53)

2. Erzählung: Petrus

Jesus hat mich angeschaut

Ja, wir sind alle Hals über Kopf davongerannt – damals, als Jesus im Garten Gethsemane verhaftet wurde. Ich, Petrus, hatte ja noch versucht, für Jesus zu kämpfen, und mit einem Schwert einen der Knechte angegriffen. Aber das wollte Jesus nicht. »Steck das Schwert weg«, sagte er zu mir und ließ sich fesseln. Und dann führten sie ihn ab. Und wir Jünger sind voller Angst in das Dunkel der Nacht geflohen.
Später bin ich heimlich den Soldaten hinterhergegangen. Ich ahnte schon, dass sie Jesus vor den Hohen Rat bringen würden.

Das Gebäude des Hohenpriesters war hell erleuchtet, und immer wieder gingen Leute aus und ein. Nach einer Weile traute ich mich auch in den Hof des Gebäudes. Von dort konnte ich durch ein Fenster sehen, wie die Männer des Hohen Rats aufgeregt miteinander sprachen. Jesus sah ich nur von hinten. Er stand gefesselt mitten im Raum zwischen Soldaten.

Schließlich ging ich an die Feuerstelle im Hof, um mich zu wärmen. Da sprach mich plötzlich eine Magd an und fragte: »Bist du nicht einer von diesen Jesusfreunden?« Ich erschrak sehr. Auf keinen Fall wollte ich, dass mich jemand erkennt. »Nein!«, antwortete ich deshalb schnell. »Aber ich habe dich doch schon einmal mit ihm gesehen, ganz bestimmt!«, meinte sie. »Mich sicher nicht! Ich kenne diesen Jesus gar nicht!«, erwiderte ich. Da ließ mich die Magd endlich in Ruhe und ging kopfschüttelnd weg.

Ein wenig später kamen zwei Soldaten aus dem Haus und quer über den Hof. Als der eine von ihnen an mir vorbeiging, blieb er stehen, sah mich an und fragte dann: »Warst du nicht mit Jesus zusammen, als wir ihn verhaftet haben? Vorhin, in dem Garten!« »Das kann nicht sein«, antwortete ich abwehrend.

Da mischte sich auch der zweite Soldat ein: »Natürlich gehörst du zu Jesus. Das verrät ja schon deine Sprache, du bist doch auch aus Galiläa!« In meiner Angst schrie ich fast: »Lasst mich in Ruhe! Was redet ihr da für einen Unsinn! Ich kenne diesen Menschen nicht!«

Da war es plötzlich ganz still im Hof. Und dann hörte ich in der Dunkelheit draußen einen Hahn krähen. In diesem Moment öffnete sich das Tor des Palastes und Jesus wurde von den Soldaten in ein anderes Gebäude gebracht. Unsere Blicke trafen sich. Jesus hat mich angeschaut! Und ich erschrak sehr, das Herz klopfte mir bis zum Hals. Denn plötzlich erinnerte ich mich daran, was Jesus noch am Abend zu mir gesagt hatte: »Noch bevor heute Nacht der Hahn kräht, wirst du, Petrus, mich dreimal verleugnen.« Und genauso war es gekommen.

Seitdem muss ich jedes Mal, wenn ich einen Hahn krähen höre, an diese Nacht denken, in der ich Jesus dreimal verleugnet habe. Ich hatte Jesus so sehr geliebt, meinen Lehrer, mein Meister, mein Alles. Und jetzt, als er in Not war, als er verhaftet war, als sie ihn verspotteten und verurteilten, hätte ich ihm zeigen können, dass ich zu ihm stehe – und ich hatte jämmerlich versagt!

Ich bin dann aus dem Hof gerannt und konnte nur noch weinen.

(nach Lukas 22,54-62)

3. Erzählung: Pilatus

Ich finde keine Schuld an Jesus

Ich bin Pilatus, römischer Statthalter in Jerusalem. Zu mir haben sie Jesus noch in der Nacht gebracht, weil es mir zusteht, Verurteilte zu begnadigen. Man muss wissen: Rom regierte in meiner Zeit fast die ganze Welt. Deshalb waren in allen größeren Städten Vertreter von Rom, um Recht zu sprechen und für Ordnung zu sorgen. Mein Palast stand mitten in Jerusalem.

Es war, wenn ich mich recht erinnere, in den Tagen um das Passafest. Da geht es immer sehr lebhaft zu in der Stadt; eine Menge Leute sind da, und es gibt immer wieder Unruhen.

Und ausgerechnet da musste jene dumme Sache mit diesem Jesus passieren, der behauptete, Gottes Sohn zu sein. Ehrlich gesagt, in meinen Augen war er nicht gefährlich. Ein Spinner war er vielleicht, ein Weltverbesserer. Viele Leute hörten ihm gerne zu, wenn er redete. Auch meine Frau verehrte ihn, aber sie ließ es sich natürlich in der Öffentlichkeit nicht anmerken.

Der Hohe Rat also hatte Jesus in einer nächtlichen Sitzung wegen Gotteslästerung zum Tode verurteilt. Und nun brachten sie ihn zu mir. Was sollte ich tun?

Sicherlich – ich hätte ihn begnadigen können. Bei Todesurteilen habe ich das letzte Wort. Also sprach ich erst einmal mit Jesus. Ein ungewöhnlicher Mensch war er schon. Er verteidigte sich nicht, er bat nicht um Gnade, er versuchte auch nicht, mich zu bestechen oder so. Und letztlich muss ich sagen: Ich habe wirklich keine Schuld an ihm gefunden.

Aber wer weiß, was passiert wäre, wenn ich Jesus begnadigt hätte? Vielleicht hätte es laute Proteste gegeben oder ich hätte sogar meine Stellung verloren. Es waren eine Menge Leute schon mitten in dieser Nacht vor meinem Palast zusammengekommen. Und ich hörte sie rufen: »Kreuzigt ihn! Kreuzigt ihn!« Was hätte ich da noch tun können, ohne mir großen Ärger einzuhandeln?

Ich ließ dem Hohen Rat dann mitteilen, dass ich keine Schuld an Jesus finde. Und dass sie selbst und ganz allein für dieses Todesurteil verantwortlich seien – wenn sie es denn so wollten. An meinen Händen sollte kein Blut kleben. Ich wollte nichts damit zu tun haben. Und um dem Hohepriester das zu zeigen, wusch ich vor seinen Augen meine Hände – als Zeichen meiner Unschuld.

Dann übergab ich Jesus den Soldaten und sie nahmen ihn mit.

(nach Lukas 23)

Bausteine: Kreuzweggeschichten

4. Erzählung: Simon von Kyrene

Jesus teilte seine Last mit mir

Eigentlich war es nur ein Zufall, dass es gerade ich war, der an diesem Morgen Jesus begegnete – obwohl, wenn ich heute darüber nachdenke, dann sage ich mir: »Simon, das hat wohl so sein sollen.«

Ich war sehr früh, schon bei Sonnenaufgang, unterwegs in Jerusalem. Ganz ruhig war es in der Stadt an diesem Tag nach dem Passafest. Als ich aber in die Nähe vom Stadttor kam, hörte ich einige Leute durch eine Gasse kommen. Und da sah ich sie auch schon: Es waren römische Soldaten, die einen Mann vor sich hertrieben. Er trug einen schweren Holzbalken auf den Schultern. Im Gesicht blutete er und sein Gewand war zerrissen. Er konnte nur ganz langsam gehen. Einige Male stolperte er unter der schweren Last des Holzbalkens und schließlich fiel er hin. »Ein zum Tode Verurteilter«, dachte ich, »was er wohl getan hat, dass sie ihn so quälen?«

Ich wollte mich gerade umdrehen und weggehen, da rief eine Stimme hinter mir: »Halt! Du da! Bleib stehen!« Ich wandte mich um. Meinten sie mich? Tatsächlich! Ein Soldat winkte mich her. »Komm«, befahl er barsch, »und trage den Balken für diesen Gefangenen. Sonst kommen wir ja nie an der Hinrichtungsstätte an.« – »Wer ist es denn?«, fragte ich und kam näher, »und was hat er getan?« – »Er heißt Jesus«, antwortete der Soldat, »und jetzt hör auf, hier Fragen zu stellen. Trage du für ihn das Kreuz, damit wir weiterkommen!«

Da blieb mir nichts anderes übrig, als den Balken auf meine Schultern zu heben. Er war wirklich sehr schwer! Schon nach ein paar Schritten tat mir der Rücken weh. Am Anfang dachte ich: «Warum ausgerechnet ich? Warum bin ich nicht weggelaufen?« Aber dann sah ich Jesus an und er tat mir so leid. Er sah gar nicht aus wie ein Verbrecher. War er nicht dieser Prediger, von dem die Leute in der Stadt erzählt hatten? Der hatte doch niemandem etwas zuleide getan! Und obwohl der Balken wirklich schwer war und ich heftig keuchen musste, machte es mir auf einmal nicht mehr so viel aus, ihn zu tragen. So konnte ich diesem Jesus seine schwere Last ein kleines Stück weit abnehmen.

Als wir schließlich auf dem Hügel Golgatha vor der Stadt angelangt waren, durfte ich den Balken endlich ablegen. »Geh jetzt«, befahl mir ein Soldat.

Aber ich wollte sehen, was nun geschehen würde und ging nur einige Schritte weit. Inzwischen waren aus der Stadt noch ein paar Leute gekommen, auch Frauen in dunklen Gewändern. Sie starrten voller Entsetzen auf das aufgerichtete Kreuz und begannen zu weinen, als die Soldaten Jesus ans Kreuz schlugen. Auch ich kämpfte mit den Tränen. Hätte ich ihm doch auch jetzt helfen können! Wir konnten nur hilflos dastehen.

Was in den folgenden Stunden geschah, mag ich gar nicht erzählen, es war so schrecklich. Am Nachmittag schließlich starb Jesus ziemlich genau um 3 Uhr. Seine Freundinnen und Freunde waren immer noch da, fassungslos und verzweifelt, weil Jesus nun tot war. Ich aber ging dann nach Hause. Jetzt gab es wirklich nichts mehr, was wir für Jesus tun konnten.

(nach Lukas 23, 26 ff.)

5. Erzählung: Die Frauen am Ostermorgen

Kaum zu glauben: Jesus lebt!

Es war früh am Morgen und fast noch dunkel draußen. Aber ich hatte schon lange wach gelegen. Die beiden Nächte nach dem Tod Jesu haben wir alle kaum geschlafen. Ich sah alles noch genau vor mir: Wie sie ihn quälten und auslachten, wie er ans Kreuz geschlagen wurde und starb. Hilflos und voller Entsetzen standen wir daneben. Nichts konnten wir für ihn tun. Am Freitagabend nahmen wir ihn vom Kreuz ab und legten seinen Leichnam in ein Felsengrab. Und dann wurde ein großer Stein vor den Eingang geschoben. Das war das Ende von allem.

Nun also war es Sonntagmorgen. In aller Frühe wollte ich mit meinen Freundinnen Maria und Johanna zum Grab gehen. Wir hatten Salböl zubereitet. Das ist bei uns so üblich. Wir salben den Körper eines Verstorbenen mit wunderbar riechenden Ölen. Damit zeigen wir, wie sehr wir den Toten geliebt haben und vermissen. Wenigstens das konnten wir für Jesus noch tun.
Die beiden warteten schon vor dem Haus. Wir liefen rasch durch die stillen Straßen von Jerusalem. »Hoffentlich finden wir so früh am Morgen jemanden, der uns hilft, den schweren Stein wegzuwälzen!« sagte Johanna besorgt. Wir drei Frauen würden das alleine nicht schaffen, da hatte sie recht.

Gerade als wir zu dem Gartenstück kamen, in dem die Felsengräber waren, ging die Sonne auf über der Stadt. Wir gingen zu dem Grab von Jesus. Doch, was war das? Die Tür zum Grab war offen! Der große Stein war weggewälzt.

»Was ist da passiert?«, fragte Maria ängstlich. Johanna und ich sahen uns fragend an. »Das ist wirklich seltsam«, sagte Johanna, »aber seht doch, wir können hinein!« Langsam, mit vorsichtigen Schritten gingen wir in die dunkle Grabkammer.

Als sich unsre Augen an das Dämmerlicht gewöhnt hatten, sahen wir: Das Grab war leer! Jesus war nicht mehr da! Nur die Leinentücher, in die wir den Leichnam eingehüllt hatten, lagen auf dem Boden. Wir waren sehr erschrocken. Ratlos standen wir da.
Auf einmal wurde es hell. Zwei Männer in glänzenden Kleidern standen vor uns und sagten: »Ihr braucht Jesus nicht mehr hier suchen! Er ist nicht mehr tot. Jesus lebt. Gott hat ihn auferweckt!«

Dann verschwanden die Männer wieder. Und wir sahen, dass die Morgensonne jetzt in das Felsengrab schien. Wir schwiegen. Aber langsam stieg eine unglaubliche Freude in mir auf: »Jesus lebt? Ja, erinnert euch doch! Das hat er immer angekündigt!« Maria schüttelte ungläubig den Kopf. »Ich habe das nie geglaubt. Ob es wirklich wahr ist?« Aber Johanna war sich genauso sicher wie ich: »Ja, Jesus lebt! Kommt, das müssen wir allen erzählen!« Und dann liefen wir so schnell wir konnten zurück zu unseren Freunden.

Schon unten an der Tür riefen wir laut in das Haus hinein: »Das Grab ist leer! Jesus lebt! Er ist auferstanden!« Petrus und die anderen Jünger schauten uns fragend an. »Was redet ihr denn da«, sagte Thomas, »das kann doch gar nicht sein!« »Aber so ist es!«, bekräftigte Maria. Da stand Petrus auf und lief aus dem Haus. Er wollte mit eigenen Augen das leere Grab sehen.

Johanna, Maria und ich redeten weiter mit den Jüngern. »Hört uns doch zu!«, sagte ich und erzählte vom offenen Grab, dass der Leichnam nicht mehr da gewesen war, und von den Männern, die zu uns gesagt hatten: »Jesus lebt. Gott hat ihn auferweckt!« Ich spürte, wie die Jünger langsam anfingen, sich auch zu freuen. Und wir redeten aufgeregt miteinander, was das jetzt für uns bedeutet und ob wir Jesus wiedersehen würden.

Nach einer Weile kam Petrus zurück. In der Hand hielt er eines der Leinentücher aus dem Grab. »Ja, die Frauen haben recht. Das Grab ist leer«, sagte er. »Aber kann das sein, dass Jesus nicht mehr tot ist? Kann es wirklich sein, dass Jesus lebt? Wenn das doch wahr wäre!«

Wir standen alle um ihn herum und waren uns nicht sicher, ob unsere Freude oder der Zweifel stärker waren. Da erinnerte ich mich an die Morgensonne, wie sie in das Grab hineingeschienen hatte. Mir wurde ganz leicht ums Herz und ich sagte: »Ja, Jesus lebt! Das glaube ich. Gott hat alle unsere Trauer in Freude verwandelt.«

(nach Lukas 24,1-12)

Als kreative Vertiefung zu diesen Erzählungen kann die Bastelarbeit »Oster-Fensterbild« Seite 94-99 verwendet werden.

5. Gebete zu den fünf Erzählungen

Zu 1: Der Knecht des Hohenpriesters

Guter Gott,
Jesus wurde im Garten Gethsemane von einem Freund verraten. Das ist für uns schwer zu verstehen.
Als dann ein Jünger mit dem Schwert losschlug, weil er die Gefangennahme verhindern wollte, wehrte Jesus das ab. Er ließ sich fesseln und wegführen.
So hat er verhindert, dass diese Gewalt noch mehr Gewalt und Blutvergießen zur Folge hatte.
Jesus war da so stark und mutig!

Wir bitten dich, guter Gott, hilf uns, das Leiden und Sterben von Jesus jedes Jahr ein Stück mehr zu verstehen.
Und hilf uns, dass wir Gewalt widerstehen, dass wir friedfertig und trotzdem mutig sein können.
Amen.

Zu 2: Petrus

Guter Gott,
Petrus wollte so gerne ein richtiger Freund von Jesus sein.
Er wollte treu sein und zuverlässig und immer zu ihm stehen.
Aber als Jesus gefangengenommen wurde, verließ Petrus der Mut. Und er verleugnete ihn.
»Ich kenne Jesus nicht«, sagte er.

Wir wissen, guter Gott, wie schwer es sein kann, einem anderen Menschen immer zur Seite zu stehen, ihn nicht im Stich zu lassen, ihn nicht denen zu überlassen, die ihn auslachen oder quälen.
Deshalb bitten wir dich: Schenke uns Mitgefühl und Aufrichtigkeit, dass wir einander beistehen können.
Amen.

Zu 3: Pilatus

Guter Gott,
Pilatus hätte ein großes Unrecht verhindern können.
Aber er war zu bequem oder zu feige, das Todesurteil Jesu aufzuheben. Er hatte große Macht und er hat sie nicht gebraucht, Gutes zu tun.

An so vielen Orten der Welt, guter Gott, sind Menschen wie Pilatus – sie hätten die Möglichkeiten, Unrecht gut zu machen, Schlimmes zu verhindern.
Wir bitten dich, öffne ihre Augen und Ohren für die Not der Opfer, dass sie ihnen helfen.
Und wir bitten dich auch für uns: dass wir immer genau hinsehen und prüfen, ob wir Unrecht oder Leid, das anderen zugefügt wird, nicht verhindern oder lindern können.
Amen.

Bausteine: Kreuzweggeschichten

Zu 4: Simon von Kyrene

Guter Gott,
Jesus musste den schweren Holzbalken für sein Kreuz durch die Straßen von Jerusalem tragen.
Sie hatten ihn ausgelacht. Sie hatten ihn geschlagen. Sie hatten ihn zum Tode verurteilt.
Auf dem Weg zur Kreuzigung fiel Jesus zu Boden. Er konnte seine Last nicht mehr tragen.
Da begegnete ihm Simon von Kyrene. Er konnte Jesus nicht befreien. Aber er hat für ihn das Kreuz getragen.
Er tat für Jesus, was er konnte.
Er ist auf diesem schweren Weg mit ihm gegangen.

Wir bitten dich, guter Gott,
dass es viele Menschen auf der Welt gibt wie diesen Simon von Kyrene: Menschen, die andere auf ihren schweren, verzweifelten Wegen begleiten und dabei ein kleines Stück der großen Last mittragen.
Amen.

Zu 5: Die Frauen am Ostermorgen

Guter Gott,
die Frauen haben am Ostermorgen erfahren:
Jesus ist auferstanden. Er lebt!
Und sie waren voll Freude darüber.
Die Jünger haben ihnen erst einmal nicht geglaubt.
Zu groß war ihre Trauer. Zu groß war ihr Schmerz.
Wie sollte das denn auch gehen – dass einer tot ist und dann wieder lebendig wird?

Heute wollen wir voll Freude Ostern feiern, guter Gott, denn wir glauben,
dass du stärker bist als der Tod,
dass du wirklich Jesus auferweckt hast.
Wir bitten dich, schicke viele Menschen – so wie die Frauen damals – in die Welt, die diese frohe Botschaft von Ostern überall weitererzählen:
dass Traurige wieder froh werden,
dass Ängstliche neuen Mut bekommen und sich alle am Leben freuen können.
Amen.

Bastelbogen:
Das sprechende Faltkreuz

Eine besondere Falttechnik ermöglicht es in vier Bildern und Symbolfarben die Passions- und Ostergeschichte zu erzählen.
A4-Bogen, Best.-Nr. 063
www.junge-gemeinde.de

6. Weitere Empfehlungen

Bastelbogen:
Passions- und Osterpanorama
Aus Einzelszenen entsteht ein eindrucksvolles und vielseitig verwendbares Tischbild. Einzelteile ausmalen, ausschneiden und zusammenkleben.
Best.-Nr. 027, www.junge-gemeinde.de

Die Ostergeschichte nach Lukas
Eine Erzählung mit Biblischen Erzählfiguren

(Lukas 24,1-12)

Autoren: Iris Lang, Peter Wolff

1. Vorbemerkungen

Die vorliegende Erzählung der Ostergeschichte wurde in einem Familiengottesdienst erprobt. Sie wird mit Fotos von Szenen veranschaulicht, die mit Biblischen Erzählfiguren gestellt wurden. Die Figuren haben eine besondere Ausstrahlung und lassen genügend Raum zur eigenen Phantasie. Die Bilder wurden mit einem Beamer auf eine Leinwand projiziert.
In die Ostergeschichte wurden einige Strophen des Lieds »Erstanden ist der heilig Christ« (EG 105, KuS 120, LJ 82) integriert. Durch das Singen des Liedes wird die Gemeinde in die Geschichte einbezogen. Der Liedtext kann ebenfalls mit dem Beamer an der Leinwand sichtbar gemacht werden.

Die Fotos der entsprechenden Szenen können als Anregung für eigene Bilder dienen. Sie können aber auch über den Download-Code, der am Ende des Inhaltsverzeichnisses angegeben ist, für die persönliche Verwendung kostenlos heruntergeladen werden. Eine Weiterverbreitung – ob gedruckt oder digital – ist aus urheberrechtlichen Gründen über diesen Zweck hinaus nicht gestattet, bzw. im Einzelfall mit der Rechteinhaberin abzusprechen (Alle Rechte an den Fotos liegen bei Iris Lang).

2. Erzählung: Die Ostergeschichte nach Lukas

Bild 1:
Die Freunde von Jesus sitzen verzweifelt zusammen. Jesus ist nicht mehr bei ihnen. Vor wenigen Tagen ist Jesus am Kreuz gestorben.
»Warum musste Jesus sterben?«, fragen die Jünger immer wieder. Sie sind voller Trauer und niemand weiß eine Antwort.

Bild 2:
Die Jünger erzählen von Jesus. Sie erinnern sich: Alles hat wundervoll begonnen! Sie sind mit Jesus durch die Dörfer und Städte gezogen. Überall hat Jesus Geschichten von Gott erzählt. Und sie haben so viel Gutes mit Jesus erlebt!
»Wisst ihr noch«, sagt Petrus, »wie Jesus die Kranken geheilt hat? Und wie er sich um die Einsamen gekümmert hat? Immer wieder hat er Wunder vollbracht.«
»Ja«, sagt Johannes, »es war eine gute Zeit. Und immerzu hat Jesus von Gottes großer Liebe zu den Menschen erzählt«.

Bausteine: Die Ostergeschichte nach Lukas

Bild 3:
Aber nun ist Jesus tot. Schon zwei Tage lang ist er tot. Die Freunde weinen. Sie finden keinen Trost.
Wie soll nun alles weitergehen?

Bild 4:
Drei Frauen sind unter den Jüngern. Sie können nicht länger stillsitzen.
»Wir wollen Jesus einen letzten Liebesdienst erweisen«, sagen sie. »Wir wollen zu seinem Grab gehen und seinen Leib mit kostbaren Ölen einsalben.«

Bild 5:
So machen es die Frauen: Früh am Morgen gehen sie los. Die ersten Sonnenstrahlen erhellen den Weg. Johanna trägt das Gefäß mit dem wertvollen Öl.

Lied: »Erstanden ist der heilig Christ«

4. Strophe:
Drei Frauen gehn des Morgens früh; Halleluja, Halleluja, den Herrn zu salben kommen sie. Halleluja, Halleluja.

5. Strophe:
Sie suchen den Herrn Jesus Christ, Halleluja, Halleluja, der an dem Kreuz gestorben ist. Halleluja, Halleluja.

Bild 6:
Nur langsam kommen die drei Frauen voran. Immer wieder bleiben sie stehen und denken über alles nach. Jesus ist tot und alles ist so schnell gegangen. Sie verstehen es nicht.
Noch vor wenigen Tagen haben die Menschen Jesus voller Freude in Jerusalem begrüßt. Mit Palmzweigen haben sie ihm zugejubelt.
Doch einige mächtige Leute haben das gar nicht gern gesehen! Sie wollten Jesus nicht als neuen König haben. Diese wichtigen Leute wollten ihre Macht nicht hergeben. Und deshalb musste Jesus am Kreuz sterben.
Mit schweren Schritten gehen die Frauen weiter.
»Wer wird uns eigentlich den großen Stein vor dem Grab wegwälzen?«, fragt Johanna.

Lied: »Erstanden ist der heilig Christ«

Strophe 6:
Wer wälzt uns fort den schweren Stein, Halleluja, Halleluja,
dass wir gelangn ins Grab hinein? Halleluja, Halleluja.

Bild 7:
Doch als die Frauen zur Grabhöhle kommen, erschrecken sie.
Der große Stein, den mehrere Männer vorgestern vor die Grabhöhle gerollt haben, der ist nicht mehr vor der Grabhöhle. Der Stein liegt neben dem Eingang.
»Was hat das zu bedeuten?«, fragt Maria Magdalena verzweifelt. »Hat man uns jetzt auch noch den toten Jesus gestohlen?«

Lied: »Erstanden ist der heilig Christ«

Strophe 7:
Der Stein ist fort! Das Grab ist leer! Halleluja, Halleluja.
Wer hilft uns? Wo ist unser Herr? Halleluja, Halleluja.

Bild 8:
Die Frauen gehen näher zum Grab und schauen vorsichtig hinein. Da ist nichts – und niemand! Das Grab ist leer!
»Wo ist Jesus? Wer hat ihn weggetragen?«, ruft Johanna fassungslos.

Bausteine: Die Ostergeschichte nach Lukas

Bild 9:
Da wird es plötzlich hell. Ganz hell. Nicht von der Sonne wird es hell. Das Licht scheint tief in die traurigen Herzen hinein. Ein Engel steht da und spricht zu den Frauen: »Warum sucht ihr den lebendigen Jesus bei den Toten? Er ist nicht hier. Er ist auferstanden. Erinnert ihr euch nicht? Er hat es euch doch gesagt.«

Lied: »Erstanden ist der heilig Christ«

Strophe 7:
Erschrecket nicht! Was weinet ihr? Halleluja, Halleluja.
Der, den ihr sucht, der ist nicht hier. Halleluja, Halleluja.

Bild 10:
»Was hat der Engel gesagt? Jesus lebt? Das ist doch nicht zu glauben! Oder?«
Langsam können die Frauen diese gute Nachricht in sich spüren. Ein Licht geht ihnen auf. Die Worte des Engels wirken: »Jesus lebt!«
Die tiefe Trauer verwandelt sich in helle Freude.

Lied: »Erstanden ist der heilig Christ«

Strophe 15:
Du lieber Engel, Dank sei dir. Halleluja, Halleluja.
Getröstet gehen wir von hier. Halleluja, Halleluja.

Bild 11:
»Danke, du lieber Engel!«, rufen die Frauen zum Abschied.
»Und nun kommt schnell. Diese gute Nachricht müssen wir den anderen sagen!«, drängt Johanna.
Schnell machen sie sich auf den Nachhauseweg. Sie vergessen sogar, das Gefäß mit dem kostbaren Öl mitzunehmen. Aber das brauchen sie ja nun nicht mehr.

Bild 12:
So schnell ihre Füße sie tragen, laufen die drei Frauen den Weg zurück.
»Habt ihr den Engel auch gesehen? Habt ihr auch gehört, was er gesagt hat?«, ruft Maria Magdalena immer wieder begeistert. »Jesus ist auferstanden!«

Bild 13:
Immer schneller rennen die Frauen. Sie können es kaum abwarten, bis sie endlich den Jüngern diese gute Nachricht zurufen können: »Jesus lebt!«

Bild 14:
Ganz außer Atem kommen die Frauen bei den Jüngern an. Sie rufen wild durcheinander: »Ihr müsst nicht mehr traurig sein. Jesus lebt! Das wissen wir von einem Engel«.

Bild 15:
Die Jünger schauen den Frauen ungläubig ins Gesicht. »Was erzählt ihr da? Seid ihr womöglich verrückt geworden?«, fragt Petrus.

Bild 16:
»Nein, wir sind nicht verrückt!«, ruft Johanna. »Denkt nur: Der Stein am Grab war weg und das Grab war leer. Plötzlich haben wir einen Engel gesehen. ›Jesus lebt‹, hat er uns zugerufen, ›Gott hat ihn vom Tod auferweckt‹«.

(Hier kann die Erzählung enden, wenn für die ganz Kleinen erzählt wird.)

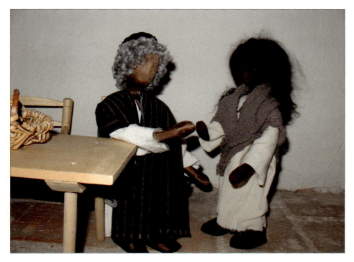

Bild 17:
»Das will ich mit meinen eigenen Augen sehen«, sagt Petrus. »Ich werde selbst zum Grab von Jesus gehen«.

Bausteine: Die Ostergeschichte nach Lukas

Bild 18:
Schnell hängt sich Petrus seine Tasche um und macht sich alleine auf den Weg zum Höhlengrab von Jesus. Gerne würde er den Frauen glauben. Doch kann das sein? Jesus ist nicht mehr bei den Toten? Jesus lebt?

Bild 19:
»Das ist unglaublich!«, sagt Petrus immer wieder kopfschüttelnd. Er läuft rasch nach Hause zurück. »Das ist eine unglaublich schöne Nachricht!«
Auch Petrus hat das leere Grab gesehen. Nun weiß auch Petrus: Jesus ist auferstanden, Jesus lebt.

Bild 20:
Die frohe Botschaft nimmt ihren Lauf. Zunächst durch die Gassen und Straßen von Jerusalem, dann durch die Dörfer und Städte von Galiläa und schließlich über Ländergrenzen hinweg bis zu uns hierher: »Jesus ist auferstanden. Er ist wahrhaftig auferstanden!«

Lied: »Erstanden ist der heilig Christ«

Strophe 16 und 17:
Nun singet alle voller Freud: Halleluja, Halleluja.
Der Herr ist auferstanden heut. Halleluja, Halleluja.

Des solln wir alle fröhlich sein, Halleluja, Halleluja,
und Christ soll unser Tröster sein. Halleluja, Halleluja.

Tipp:
Sind die technischen Voraussetzungen für eine Präsentation über Beamer nicht gegeben, lassen sich die Fotos, über einen Farbdrucker auf Folie gedruckt, auch mittels Tageslichtprojektor für viele Leute gut sichtbar zeigen.

Bei einer kleineren Veranstaltung, bei der die Kinder z.B. in einem Sitzkreis den Gottesdienst begehen, eignet sich auch das Ausdrucken im Format A 4. Die Fotos können dann passend zur Erzählung im Kreis herumgereicht oder auf dem Boden ausgelegt werden.
Auf Karton aufgeklebt kann man die ausgedruckten Bilder auch mit dem Erzähltheater Kamishibai verwenden.
Die Fotos können aber auch nur als Anregung verwendet werden, um selbstgestellte Szenen (mit Erzählfiguren oder echten Menschen) nachzubilden und zu fotografieren.

Komm mit ins Labyrinth des Lebens
Ein Kinderbibeltag in der Osterzeit
(Lukas 24,13 ff.)

Autorin: Elisabeth Zimmermann

1. Zum Thema

Das Labyrinth ist ein altes christliches Symbol, dessen Schönheit und tiefsinnige Bedeutung in den letzten Jahren von immer mehr Menschen neu entdeckt wird. Es steht für den Weg des Menschen zu seiner eigenen Mitte, zu Gott. Der Weg zur Mitte des Labyrinthes kann aber auch symbolisch für Jesu Weg in den Tod stehen und der Weg nach draußen für Jesu Auferstehung. Diese letztere Bedeutung brachte uns auf den Gedanken, das Symbol Labyrinth mit der Emmaus-Geschichte (Lukas 24) zu verbinden.

2. Zur Vorbereitung

Im Unterschied zu anderen Kinderbibeltagen war diesmal die Vorbereitung besonders intensiv, weil wir uns außer in die biblische Erzählung (Emmausgeschichte) auch in das Symbol Labyrinth einstimmen, hineindenken und einlesen mussten. Hier half eine abendliche Begehung des großen Labyrinths in der Christuskirche in Köln (www.ev-gemeinde-koeln.de).

Am Vortag hatten wir in einer sechsstündigen Aktion (sehr anstrengend!) mit wechselnden Mitarbeitern das Labyrinth von Chartres in Originalgröße mit weißer Wandfarbe in den Wendehammer vor unserer Kirche gemalt. In der Mitte liegen 130 schöne Steine. Im Altarraum der Kirche hängen zwei große Bilder der Kathedrale von Chartres (Außen- und Innenansicht).

Das Labyrinth von Chartres

Literatur zum Labyrinth:
Gernot Candolini, Im Labyrinth sich selbst entdecken
(Herder Verlag, ISBN 978-3-451-05143-2)
Ders., Die Faszination der Labyrinthe
(Kösel Verlag, ISBN 978-3-466-30659-6)
Internet: www.labyrinthe.at

3. Ablauf im Einzelnen

10 Uhr – Kirche:
- Begrüßung, Singen und Gebet in der Kirche
- Einführung ins Thema
  Hinweis aufs Namensschild mit Labyrinthmotiv und auf das große Labyrinth im Wendehammer
- Anspiel (Rittergeschichte zum Labyrinth von Chartres)

10.45 Uhr – Gruppenarbeit I:
In der Mitte des Stuhlkreises liegt eine große Kopie eines Labyrinths. Kennenlernspiel, anschließend Gespräch über die Rittergeschichte (Anspiel) und das Labyrinth.
Manche Gruppen gehen gleich zu Beginn der Gruppenarbeit durchs Labyrinth, andere im Lauf der Gruppenarbeit. Sie laufen ungeniert schnell die Wege ab, jedes Kind darf sich einen Stein aus der Mitte nehmen.
Mit den Kindern über Erfahrungen beim Nachzeichnen auf einem Blatt bzw. beim Begehen des Labyrinths sprechen. Schon auf weitere Bedeutung des Labyrinthes, allgemein als Lebensweg, hinweisen. Die Kinder sollen möglichst selber drauf kommen. Denkanstoß z.B. so: »Ich behaupte mal: Manchmal ist mein Lebensweg wie dieses Labyrinth hier in der Mitte. Könnt ihr euch vorstellen warum?« Mögliche Beispiele der Kinder: Plötzliche Kurven

Bausteine: Komm mit ins Labyrinth des Lebens

sind wie ein Umzug, ein Schulwechsel, ein Wegzug der Freundin. Lange Wege außen sind wie anstrengende Hausaufgaben, ein schöner langer Urlaub, die Vorfreude auf ein Geschwisterkind. Die Mitte ist wie ein lang ersehntes Geschenk, eine große Freude.

Anregend für das Rundgespräch sind auch Begriffe zum Thema »Labyrinth«, die z.T. unkorrekt sind, sodass die Kinder sich im Gespräch Klarheit verschaffen können, z.B. über den Unterschied zwischen Labyrinth und Irrgarten.

Kommentare mit Eddings auf großen Blättern festhalten! Sie könnten »Stoff« für die Fürbitten geben oder anderweitig in den Gottesdienst einbezogen werden. Alle Blätter an einer langen Schnur aufhängen.

Die Steine werden mit Lackfarben im Gruppenraum bemalt und/oder beschriftet.

12 Uhr – Singen in der Kirche

12.15 Uhr – Uhr Mittagessen

13 Uhr – Kirche mit Anspiel (Emmaus)

13.30 Uhr – Gruppenarbeit II: Rundgespräch über die Emmaus-Pantomime. Bild des chinesischen Künstlers He Qi (s. unter: www.heqiarts.com, Verwendung mit dem Künstler absprechen) zur Emmausgeschichte gemeinsam betrachten. Gefühle nachempfinden, indem man Körperhaltungen der Jünger ausprobiert. Traurigkeit, gespannte Hoffnung, freudige Gewissheit, geteilte Freude. Entweder im Gruppenraum oder im Labyrinth selbst. Schwerer Stein als Symbol für Lasten des Lebens, an denen man schleppt. Labyrinth-Begehung zunächst langsam, traurig, mit schwerem Stein und »schwer-mütig« zur Mitte hin. Dort Stein ablegen. Mitte symbolisiert also Emmaus. Leichtfüßig und fröhlich den Weg rauslaufen.

Vertiefung für die Älteren? Was hat die Emmausgeschichte mit dem Labyrinth zu tun?

Bastelidee: Bild von He Qi auf Kachel kleben, Gipsrahmen zur Verzierung außen herum aus Gipsbinden.
Auf Rückseite Labyrinth-Kopie.

Mit Älteren zum Abschluss der Gruppenarbeit Runde um die Mitte, Weg-Worte aus den Psalmen aussuchen und Austausch darüber.

15.30 Uhr – Kaffeetrinken und Labyrinth-Begehung mit Eltern

16 Uhr – Abschlussgottesdienst: Hier im Interview mit den Kindern den Eltern die Bedeutung des Labyrinthes erklären. Mitarbeiter berichten von Köln-Ausflug. Drei Kinder lesen die Emmausgeschichte vor. Einige Kinder stellen ihr Weg-Wort jeweils vor und erklären, warum sie es ausgesucht haben und was es mit dem Labyrinth oder mit Emmaus zu tun hat.

4. Anspiel Chartres

Sprecherin:
Habt ihr Lust, mich zu begleiten ins … Mittelalter … in die Zeit der Ritter und Burgen? …
Es ist das Jahr 1240. Wir befinden uns auf der Burg von Ritter Sigismund in Frankreich, nicht weit von der Stadt Chartres.
Auf der Burg leben viele Menschen. Die Familie von Sigismund, Knechte und Mägde und immer wieder viele Gäste, die Ritter Sigismund zu Ritterspielen und Burgfesten einlädt. Und auf der Burg leben auch noch drei Jungen, Axel, Balduin und Clemens. Die drei sind Brüder und 10, 11 und 13 Jahre alt. Axel, Balduin und Clemens sind vor 5 Jahren auf die Burg gekommen, um Ritter Sigismund als Knappen zu dienen.
Heute ist für die drei Jungen kein schöner Tag. Sie müssen sich endgültig von Sigismund verabschieden und die Burg verlassen. Sigismund braucht sie nicht mehr. Er zieht mit anderen tapferen Rittern nach Jerusalem. Deshalb können die Jungen ihm nicht weiter als Knappen dienen. Sie müssen zu ihren Eltern nach Hause zurück. Axel, Balduin und Clemens sind traurig.
(Die drei Jungen kommen mit hängenden Köpfen auf die Bühne, wo Sigismund schon steht und seine Lanze poliert.)

Axel:
Ritter Sigismund, könnt Ihr uns nicht doch mitnehmen nach Jerusalem? *(Alle drei betteln und versuchen ihn zu überzeugen, sie mitzunehmen.)*

Sigismund:
Unmöglich, ihr Lieben, das ist viel zu gefährlich. Wir könnten auf dem Weg überfallen werden, oder von bösen Krankheiten heimgesucht werden, wir werden Hunger und Kälte erleiden und vielen anderen Strapazen

ausgesetzt sein. Das würdet ihr nie durchhalten. Dafür seid ihr noch viel zu jung und unerfahren.
(Die Jungen betteln weiter, doch ohne Erfolg.)

Sigismund:
Nein, meine Lieben. Seid doch vernünftig. Geht zurück zu euren Eltern. Die werden wissen, was jetzt mit euch geschieht. Wir müssen uns jedenfalls verabschieden ... *(Trauriger, wortreicher Abschied. Sigismund ab. Die Jungen machen sich auf den Weg.)*

Balduin:
Ach, es war so schön bei Sigismund. Ich werde ihn schrecklich vermissen.

Clemens:
Ja, er ist so tapfer. Ich bewundere ihn so. Er kann so gut kämpfen. Keiner trifft bei der Jagd den Falken mit Pfeil und Bogen so gut wie er.

Axel:
Ja, und keiner hat bei den Ritterspielen so oft gewonnen wie er.

Balduin:
Stimmt, und außerdem hat er uns so schöne Lieder beigebracht. So schöne Burgfeste haben wir mit ihm gefeiert. Ach, und das soll jetzt alles vorbei sein?

Clemens:
Ich fürchte, ja. Und dabei wäre ich so gern mit ihm nach Jerusalem gewandert. Das wäre ein Abenteuer gewesen!
(Sie kommen zuhause an. Die Eltern begrüßen sie freudig. Die Kinder erzählen von ihrem Kummer.)

Vater:
Also – lasst mich nachdenken ... Nach Jerusalem kann ich auch nicht mit euch ziehen. Aber ... ich hätte da eine andere Idee. Drüben in der Stadt, in Chartres, da ist die neue Kathedrale fertiggebaut. Der große Dom von Chartres. Letzte Woche war die Einweihungsfeier. Dorthin gehe ich mit euch. Dort mitten in der Kathedrale habe ich für euch eine Überraschung.
(Die Kinder sind begeistert und aufgeregt.)

Lied
(Jetzt das große Bild von der Kathedrale von Chartres hochziehen. – Am nächsten Morgen: Vater und Kinder betreten staunend die riesige Kathedrale. Sie schauen sich lange mit großen Augen um.)

Axel:
Vater, was ist das für ein Bild auf dem Boden dort?

Balduin:
Ja, wie so Kreise ineinander, ganz viele!

Clemens:
Ich hab' sie schon gezählt, es sind genau elf.

Axel:
Aber es sind nicht nur Kreise. Lass uns mal näher ran gehen! Es ist wie ein Weg.

Balduin:
Ja, und in der Mitte ist frei. Ah, der Weg führt von außen in die Mitte, oder?

Clemens:
Ja, ja, und der Weg hat ganz viele Ecken, ganz viele Kurven, wo man umdrehen muss. Das ist ja seltsam. Vater, was bedeutet das?

Vater:
Das kann ich euch erklären: Erinnert ihr euch daran, wie traurig ihr gestern wegen Ritter Sigismund gewesen seid? Wie gerne ihr mit ihm nach Jerusalem gegangen wärt? Seht ihr, so geht es vielen Menschen in unseren Tagen. Sie alle würden gern nach Jerusalem wandern.

Axel:
Wieso, warum denn grade nach Jerusalem? Was ist denn da Besonderes?

Balduin:
Ach, Axel, das weißt du doch, das ist doch die Stadt, in der Jesus Christus gelebt hat.

Axel:
Ach so, ja, Jesus, zu dem auch Ritter Sigismund immer betet. Stimmt.

Clemens:
In Jerusalem ist Jesus gekreuzigt worden. Das weiß ich genau. Das hat Sigismund mir mal erzählt. Jesus ist in Jerusalem gestorben. Und seine Freunde waren sehr traurig. Aber am dritten Tag danach ist er auferstanden.

Axel:
Also, jetzt versteh' ich gar nichts mehr. Was hat das denn nun mit diesem Bild hier auf dem Boden der Kathedrale zu tun?

Vater:
Kommt, setzt euch. Ich will es euch erklären. Dieses Bild ist ein sogenanntes Labyrinth. Ein langer Weg, den man selber gehen kann.

Balduin:
Ja, schau mal, da geht gerade eine alte Frau den Weg. Sie ist schon fast in der Mitte. Und da kommt noch einer. Ganz langsam gehen sie. Warum, Vater, was soll das?

Vater:
Sie verehren Jesus Christus. Sie würden auch gern nach Jerusalem wandern, an den Ort, wo Jesus gewirkt hat. Aber sie sind zu alt oder nicht reich genug oder sie haben keine Zeit, um selber monatelang zu Fuß nach Jerusalem zu wandern. Und was tun sie stattdessen? Könnt ihr's jetzt erraten?

Bausteine: Komm mit ins Labyrinth des Lebens

Axel: *(langsam, noch nachdenkend)*
Sie können nicht selber nach Jerusalem wandern ... aber sie gehen diesen Weg im Labyrinth ...

Balduin:
... und stellen sich einfach vor, dass sie auf dem Weg nach Jerusalem sind.

Clemens:
Sie stellen sich einfach vor, dass ... Jesus in der Mitte auf sie wartet. Und wenn sie dann in der Mitte ankommen, freuen sie sich. Und sie gehen fröhlich den Weg zurück. Schaut mal, der Mann steht jetzt in der Mitte. Jetzt geht er zurück. Er lächelt!

Axel:
Als ob er Jesus getroffen hätte.

Vater:
Fast als ob er Gott selbst begegnet wäre.

Balduin: *(nachdenklich)* Wir wollten ja auch nach Jerusalem ziehen. Mit Ritter Sigismund. Das ging ja auch nicht.

Clemens:
Aber, Vater, wir könnten doch hier den Weg durchs Labyrinth gehen und uns vorstellen, dass wir selber nach Jerusalem ziehen. Wär' das nicht schön? Dürfen wir, Vater? Bitte, bitte!

Vater:
Ja, kommt, ihr Lieben. Gehen wir zum Labyrinth! Probieren wir's aus! *(Alle gehen in Richtung imaginäres Labyrinth ab.)*

5. Anspiel Emmaus (mit Pantomime)

Sprecherin:
Liebe Kinder, heute Morgen habt ihr die drei Knappen von Ritter Sigismund kennengelernt, Axel, Balduin und Clemens. Alle drei sind beeindruckt von dem Labyrinth. Nachdem sie selber den ganzen Weg durchs Labyrinth gegangen sind, setzen sie sich glücklich und erfüllt von dem Erlebnis auf eine Bank hinten in der Kirche. Noch lange sitzen sie still so da und beobachten die anderen Leute, die auch ihren Weg durch die verschlungenen Pfade des Labyrinths abschreiten.

Dann bittet Axel seinen Vater: »Vater, erzähl' uns mehr von Jesus und seinen Freunden. Die müssen doch traurig gewesen sein als Jesus gestorben ist.« – Der Vater erzählt.

Vater:
(Er sitzt verdeckt für die Kinder irgendwo und spricht langsam ins Mikrofon.)
Ja, sie waren sehr traurig. Noch trauriger als ihr seid, seitdem euer Ritter euch verlassen hat. Sie waren richtig verzweifelt. Sie saßen in einem Haus in Jerusalem und wussten nicht mehr weiter.

(Elf Spieler setzen sich in den Altarraum, eventuell unter einer Zeltplane o.ä. Während der »Vater« vorliest, stellen die Spieler die Erzählung in folgenden Schritten pantomimisch dar.)

1. *Jesus ist tot. Alles ist vorbei.*
2. *Warum sitzen wir eigentlich noch hier herum?*
3. *Es hat ja doch alles keinen Zweck mehr.*
4. *Dabei war es so schön mit Jesus. Wir haben so viel erlebt. Es war die schönste Zeit in meinem Leben.*
5. *In meinem auch.* (Alle stimmen zu.)
6. *Ich werde nie vergessen, wie er bei der Hochzeit zu Kana Wasser in Wein verwandelt hat. Alle waren so fröhlich. Und er auch.*
7. *Er wollte immer, dass es allen gut geht. Und dass sie sich über Gott freuen.*
8. *Wie über einen großen Schatz.*
9. *Aber jetzt ist es zu Ende. Kein Schatz mehr. Keine Freude. Nur der Tod.*
10. *Wir haben uns getäuscht. Er war doch nicht Gottes Sohn. Er hat verloren.*
11. *Sie haben ihn ans Kreuz gehängt. Ja, das ist das Ende. Auch für uns.*

Schweigen

(Drei Frauen kommen reingerannt, atemlos, wild gestikulierend ...)

Frauen gemeinsam:
Der Herr ist auferstanden! Er lebt! Ein Engel hat es uns verkündigt.

Maria von Magdala:
Ich habe den Herrn gesehen! Er ist wahrhaftig auferstanden! *(Gruppe der Jünger/innen entsetzt, winken ab, zeigen Vogel)*

Vater:
Doch die Jünger und Jüngerinnen glauben es ihnen nicht.
Die Verzweiflung ist zu groß. *(Die Frauen gestikulieren weiter, zucken dann mit den Schultern und gehen.)*

Vater:
»Ich gehe nach Hause«, sagt Kleopas. *(steht auf)* »Es hat doch alles keinen Sinn mehr. Was soll ich noch hier in Jerusalem? Ich gehe nach Hause zurück in mein Dorf – nach Emmaus. Levi, du bist doch auch von dort. Kommst du mit?« Levi folgt ihm. (!) Traurig machen sie sich auf den Weg. *(Sie gehen eine Runde um die Bänke.)*

Und während Kleopas und sein Freund so wandern und darüber sprechen, wie enttäuscht und verzweifelt sie sind, gesellt sich ein Fremder zu ihnen. *(Jesus kommt in ihre Mitte und legt ihnen die Hände auf die Schultern.)*
Und der Fremde fragt sie: »Warum seid ihr so traurig?«

»Ja, weißt du denn nicht, fragen die Beiden, was in Jerusalem geschehen ist?«
»Vor drei Tagen, da haben sie Jesus umgebracht, ans Kreuz haben sie ihn geschlagen, obwohl er doch nur Gutes getan hat. Allen hat er geholfen.
Und jetzt ist er tot. Und wir sollten nicht traurig sein?«

Der Fremde hört den beiden lange zu, wie sie von Jesus erzählen und was sie mit ihm erlebt haben. Dann fängt auch er an zu erzählen. Er erzählt Geschichten aus der Bibel, aus dem Alten Testament. Er erklärt ihnen, dass schon dort die Rede davon ist, dass die Menschen den Sohn Gottes töten würden, dass Gott ihn aber zu neuem Leben erwecken werde. »Musste das nicht alles so kommen?«, meint er. Je mehr der Fremde erzählt, desto leichter wird es den Beiden ums Herz.

Schließlich erreichen sie zu dritt das Dorf Emmaus *(wieder vorne am Altar)*. Es ist schon fast Abend und der Fremde will sich nicht aufdrängen. Deshalb verabschiedet er sich von Kleopas und seinem Freund. Doch die wollen ihn nicht gehen lassen. Seine Worte haben ihnen so gut getan, dass sie ihn bitten zu bleiben und mit ihnen zu Abend zu essen.
Sie sagen: »Herr, bleibe bei uns, denn es will Abend werden und der Tag hat sich geneiget«.

Der Fremde lässt sich gern einladen. Mit den beiden Jüngern betritt er das Haus. Die Jünger decken den Tisch. *(Jünger decken den Tisch mit Tischdecke, Blumenvase, Kelch, Brotschale und Osterkerze.)*

Dann setzen sie sich gemeinsam an den Tisch. Und da nimmt der Fremde das Brot und spricht ein Dankgebet: »Gepriesen seist du, Gott des Himmels und der Erde, der du die Erde Brot hervorbringen lässt!«

Dann bricht er das Brot, reicht es ihnen und sagt: »Das Brot des Lebens für euch!« Und er reicht ihnen den Kelch und sagt: »Der Kelch des Heils für euch.«
(Die Jünger essen und trinken.)

Und in diesem Augenblick erkennen die beiden Jünger den Fremden – es ist Jesus, der Auferstandene!
(Sie halten sich die Hände erst vor den Mund vor Staunen, dann vor die Augen als Geste des Erinnerns.)

Plötzlich erinnern sie sich an das, was Jesus ihnen versprochen hat, als er mit ihnen zum letzten Mal gegessen hat.

Hat er nicht gesagt: »Ich werde bald von euch gehen, aber immer, wenn ihr zusammen das Brot brecht und aus dem Kelch trinkt, werde ich bei euch sein«.
(Jesus steht auf und geht. Die Jünger öffnen langsam die Augen.)

So erinnern sie sich an ihren Herrn. Plötzlich erkennen die Jünger, wer der Fremde war, der sie die ganze Zeit auf dem Weg begleitet hat. Es war Jesus, der Auferstandene. Jesus ist bei ihnen gewesen, er lebt!

Die Frauen haben doch recht gehabt – all das wird ihnen mit einem Mal klar. »Brannte nicht unser Herz vor Freude, schon auf dem Weg hierher?«, rufen sie erstaunt. Und in ihrer Freude hält es sie nicht länger in Emmaus.
(Die Jünger laufen wieder los. Sie gehen durch die Kirchentür ab.)

Obwohl es schon dunkel wird, machen sie sich noch einmal auf dem Rückweg nach Jerusalem. So froh sind sie, dass sie fast den ganzen Weg rennen. Und in Jerusalem angekommen erzählen sie es allen voller Freude: »Der Herr ist auferstanden, er ist wahrhaftig auferstanden!«

6. Rückblick

Die Vorbereitung war besonders intensiv und für die 25 jugendlichen und erwachsenen Mitarbeiter/innen gewinnbringend. Alle haben sich mit ganzem Ernst und großer Begeisterung auf das Labyrinth eingelassen. Unbedingt notwendig war dabei die gemeinsame Fahrt nach Köln.
Weil thematisch eher der Weg nach Emmaus als die Mahlfeier im Mittelpunkt stand, haben wir in der letzten Vorbereitungssitzung schlicht, aber feierlich Brot und Wein geteilt. Das war auch schön.

Der Kinderbibeltag selbst lief gut. Die älteren Kinder begriffen die Bedeutung des Labyrinths als ihren persönlichen Lebensweg erstaunlich schnell. Die kreative Umsetzung machte Spaß.
Das Steine-Bemalen mit Lackfarben hat den Kindern Spaß gemacht, war für uns Mitarbeiter/innen aber ein ziemliches Geschmiere mit viel Sondermüll am Ende.

Das Schönste an diesem Kinderbibeltag ist, dass seitdem täglich viele Kinder und Erwachsene unser Labyrinth begehen, mit dem Rad oder Roller befahren. Es ist die Attraktion in unserem Stadtteil und in aller Munde. Für 130 Kinder ist es »ihr« Labyrinth.

Neu auf den Weg geschickt – Ostern verändert Menschen

Ein längerer Kindergottesdienst bzw. ein Familiengottesdienst zu Ostern

(Lukas 24,13-35)

Autor: Rüdiger Maschwitz

1. Vorbemerkungen

Dieser Entwurf ist aus einer Fortbildung erwachsen und von mir dann formuliert und weiterentwickelt worden. Aus der Redaktionssitzung des Materialdienstes des Rheinischen Verbands für Kindergottesdienst entstammt die Variante mit den großen Tüchern für den Familiengottesdienst s. S. 77). Die Entwicklung des Konzeptes ist an die Religionspädagogische Praxis (RPP) angelehnt.

2. Vorbereitung und Verortung in der Lebenswelt der Kinder

Die Kinder gehen durch den Raum und hören zentrale Verben aus der Geschichte, die sie alleine in Bewegung umsetzen. Dazu wird ihnen jeweils etwas Zeit gelassen.

Folgende Verben sind möglich, die Reihenfolge entspricht dem Text.
- gehen
- miteinander reden
- es naht sich jemand
- nicht wissen
- sein/ein Kreuz tragen
- erlöst werden
- auferstehen
- erschrecken
- die Schrift auslegen
- es wird Abend
- Brot brechen
- die Augen öffnen
- erkennen
- zurückkehren

Eine sehr gute Alternative:

Die Erfahrungen der Geschichte werden aufgenommen:
- Allein durch den Raum gehen
- Zu zweit nebeneinander im Raum gehen und dabei den Abstand ändern, bis dahin, dass
- sich die Schultern berühren
- einer folgt dem anderen, Position wechseln
- Zu dritt im Raum gehen (hintereinander, nebeneinander), Positionen wechseln, wie ist es in der Mitte zu gehen
- im Gehen der Trauer Ausdruck geben
- sich hängen lassen im Gehen
- umherschleichen
- gehen, als würde das Herz brennen
- herzerfüllt gehen
- gehen oder stehen, als ob ich Herzklopfen habe
- betrübt sein
- berührt sein

3. Die Geschichte entfalten

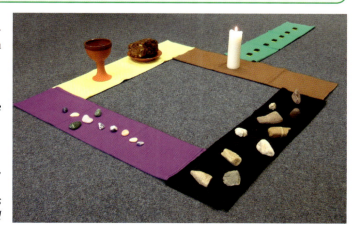

Die Geschichte wird als Bodenbild entfaltet. Dabei werden die Tücher nacheinander gelegt. Das Foto stellt den Ablauf und das Gesamtbild dar.

Absicht der Geschichte und ihrer Entfaltung:
Wir wollen den Kindern verdeutlichen, dass Jesus seine Freunde weiterhin begleitet und bei ihnen ist!

Material (s. Hinweis S. 77):
- 5 Tücher: je eins grün, braun oder grau, schwarz, lila, gelb
- 5 oder 10 Plättchen (oder flache Bausteine oder aus Karton gefertigt) mit der Vorderseite in schwarz und

auf der Rückseite in weiß oder gelb. Dazu können auch zwei gleichgroße verschiedenfarbige Plättchen aufeinandergelegt werden.
- *10 unterschiedlich große Feldsteine*
- *15 Edelsteine oder Halbedelsteine*
- *ein Fladenbrot*
- *eine neue weiße Kerze, Streichhölzer*
- *ein schwarzes/graues Chiffontuch*

Erzählung

Zwei Freunde Jesu gehen von Jerusalem nach Emmaus zurück. Sie haben das Passafest gefeiert und die Hinrichtung ihres Freundes erlebt.
- Sie sind traurig.
- Sie sind enttäuscht.
- Sie sind sauer.
- Sie sind ohne Kraft.
- Sie sind alleine.
- Sie sind unsicher.
- Sie haben auch Angst.
- Sie wollen in Ruhe gelassen werden.
- Sie wollen nur noch nach Hause.
- Alles war und ist umsonst.

Lange schweigen sie. Und laufen und laufen. Es ist ein langer Weg nach Emmaus.
Je mehr sie heute davon zurücklegen können, desto besser ist es.
Da hören sie Schritte hinter sich, ein Fremder wandert hinter ihnen her.
Langsam holt er sie ein und geht mit ihnen weiter.

Er sieht ihre Gesichter und spürt ihren Schmerz und fragt:
»Was macht euch so traurig?
Was seid ihr so enttäuscht?
Was bewegt euch?«
Und sie antworten und schütten ihr Herz aus:
»Jahrelang sind wir mit Jesus durch das Land gezogen.
- Alles war umsonst.
- Er war unser Lehrer und jetzt ist er tot.
- Er wurde hingerichtet am Kreuz.
- Er wurde in einem Felsengrab beerdigt.
- Alle unsere Freunde haben Angst.
- Sie verstecken sich oder gehen wie wir nach Hause.«

Der Fremde geht weiter mit ihnen und ohne dass sie es merken, beginnt er zu reden und zu erzählen:
»Ist wirklich alles vorbei und ist alles umsonst?
- Nichts ist doch verloren gegangen!
- Jesus hat den Menschen die Liebe Gottes nahegelegt.
- Jesus wollte, dass die Menschen heil und geheilt leben können.
- Jesus öffnete die Herzen der Menschen für Gott.
- Er baute die Schranken zwischen den Menschen und Gott ab.
- Er tröstete die Traurigen.
- Er stillte den Hunger der Menschen nach Brot und nach erfülltem Leben.
- Er ermutigte die Menschen, Frieden zu stiften.
- Er wollte, dass sich die Menschen vergeben, verzeihen und versöhnen. Und hat dies selbst vorgelebt.«

Legeanweisungen

1. Das grüne Tuch wird einmal in der Mitte längs zusammengefaltet und ausgelegt.

Das erste Plättchen wird mit der schwarzen Seite nach oben abgelegt. Zu jeder weiteren Aussage wird ein weiteres Plättchen hinzugefügt. Wer insgesamt 5 Plättchen hat, legt jeweils für 2 Aussagen ein Plättchen. Es ergibt sich so ein Plattenweg auf dem grünen Tuch!

2. Ein weiteres Tuch (braun oder grün) wird wie oben gefaltet und quer dazugelegt. Es bildet sich ein T.

Eine weiße Kerze mit Unterlage wird auf das Tuch gestellt. (Nicht anzünden !!!)

3. Das schwarze Tuch wird wie oben gefaltet und als zweiter Schenkel im rechten Winkel angelegt.

Für jeden Satz wird ein größerer Kieselstein gelegt. Dies kann ruhig markant, also etwas lauter, geschehen.

4. Das lila Tuch wird wie die anderen gefaltet und wieder als Schenkel angelegt.

Für jede Aussage des Fremden wird nun ein Edelstein gelegt.

Bausteine: Neu auf den Weg geschickt

- Er zeigte auf, dass das Reich Gottes, der Reichtum Gottes, die Welt Gottes schon mitten unter uns begonnen hat.«

So ist es Abend geworden. Die drei Weggefährten sind in einem kleinen Dorf angekommen. Der Fremde will sich verabschieden. Aber die beiden Freunde laden ihn zum Essen ein.

Das gelbe Tuch wird wie gewohnt entsprechend gefaltet und gelegt.
Es ist ein Quadrat entstanden.

Brot und Wein werden gebracht.

Ein Teller mit Brot und ein Kelch mit Wein/Traubensaft werden auf das Tuch gestellt.

Der Fremde dankt Gott, nimmt das Brot in seine Hände. Da öffnen sich die Augen und das Herz der Freunde. Er bricht das Brot und gibt es seinen Freunden.
Sie erkennen in dem Fremden Jesus.
Sie freuen sich, sie springen auf.
Sie wollen Jesus begreifen und festhalten.
Sie können ihn nicht ergreifen oder gar berühren.
In dem Augenblick, als sie ihn erkennen und ihnen die Augen aufgehen, ist er nicht mehr sichtbar.
Aber sie spüren etwas und fragen sich:
»Brannte nicht unser Herz, als wir ihn sahen
und hörten?«

Das Brot wird gebrochen.

Die Kerze auf dem zweiten Tuch wird angezündet. Es ist die Kerze, die für Jesus steht. Es kann auch die Osterkerze sein bzw. werden.

Sie packen das Essen ein und kehren noch am selben Abend nach Jerusalem zurück:
- Sie sind erleichtert.
- Ihr Herz ist erfüllt.
- Sie sind überglücklich.
- Sie wissen: Jesus ist weiterhin mitten unter ihnen.
- Sie können sich sogar freuen.
- Ihre Schritte werden flotter.
- Sie wollen ihre Freunde sehen.
- Sie wollen von dieser Begegnung mit Jesus berichten.
- Sie erkennen, die Zeit mit Jesus ist nicht vorbei.
- Sie beginnt jetzt ganz neu und anders.

Sie wenden sich dem ersten Tuch zu. Für jede Aussage wird nun ein Plättchen umgedreht und die helle Seite wird sichtbar.

4. Den Eindruck der Kinder aufnehmen und eventuell gestalten

Alle stehen auf und sehen sich das Bodenbild an. Es kann in der Gruppe um das Bild gewandert werden, um es von verschiedenen Seiten aus zu betrachten.

Schlusshaltung und Anregung
Die Kinder halten ihre offenen Hände nach vorne:
Nimm dir aus dieser Geschichte das zu Herzen, was dich berührt hat. Vielleicht hat dich wie die Freunde Jesu, die Jünger, etwas besonders berührt.
Wenn du etwas gefunden hast, nimm deine Hände vor dein Herz. Dort kannst du es bewahren.

Folgendes kann sich anschließen oder besser sogar einbezogen werden:
- Die Gestaltung der Kerze als Osterkerze aus Wachsplatten,
- jede und jeder gestaltet sich ihre/seine Oster-Kerze (kleiner Stumpen) zur Geschichte,
- gemeinsamer Austausch,
- gemeinsames Aufbauen des Bodenbildes.

Bausteine: Neu auf den Weg geschickt

5. Die große Variante für einen Familiengottesdienst

Diese Entfaltung der Geschichte ist mit geringen Veränderungen für einen Familiengottesdienst an Ostern zu verwenden.
Sie brauchen entsprechend Ihrem Kirchraum:
- 5 Tücher eventuell aus Pannesamt oder Knautschsamt (2-3 m lang und ca. 90 cm breit).
- Die Plättchen mit der hellen und der dunklen Seite müssen größer und höher sein. (Gegebenenfalls gleichgroße Holzplatte von einer Seite schwarz walzen.)
- Die Jesuskerze muss größer sein.
- Große und deutlich erkennbare Steine für die Klagen.
- Große Edelsteine oder entsprechende Töpfchen mit Osterglocken. Die Töpfe können mit Alufolie leicht verkleidet werden. Eventuell an Untersetzer denken.

6. Materialhinweis

Legetücher, wie sie hier benötigt werden, sind beim Verlag Junge Gemeinde erhältlich. Dazu bietet der Verlag verschiedene Sets an. Sie können aber auch einzelne Tücher erwerben.
Es gibt derzeit quadratische Baumwolltücher in 16 verschiedenen Farben (Größe 85 x 85 cm), Chiffontücher (68 x 68 cm) matt und glänzend, sowie Rundtücher in verschiedenen Farben, und zwar als Baumwollstoff und als Knautschsamttücher.

Weiteres **Legematerial** wie Halbedelsteine, Schmucksteine oder Glasnuggetts können ebenfalls beim Verlag bezogen werden.

Der Verlag hat auch **Kerzen mit Verzierwachsplättchen** im Angebot.

Einen **Grundbedarf** an Legematerial – einschließlich Anleitungsbuches zu dieser Gestaltungsmethode – enthält die **Kreativtasche** (s. Abb. links).

Weitere Informationen und Bestellung über den Shop:
www.junge-gemeinde.de

Nicht allein
Aus einem Gottesdienst mit Erzählpantomime zur Emmaus-Geschichte

(Lukas 24,13-35)

Autor: Rainer Ollesch

1. Vorbemerkung

Die Erzählpantomime stand im Zusammenhang eines Gottesdienstes mit Abendmahl am Ostermontag. Diesen feierten Menschen mit (geistiger und körperlicher) Behinderung – einen Tag, bevor sie ihr neuerbautes Wohnheim beziehen konnten – gemeinsam mit Menschen ohne Behinderung. Der eine der Emmaus-Jünger wurde von einer Frau mit Behinderung gespielt, der andere von einem Mann ohne Behinderung.

2. Erzählpantomime

(Bewegungen der handelnden Personen sind im Erzähltext farblich hervorgehoben.)

Wir sind in Jerusalem. Jesus ist tot.
Der dritte Tag schon, seit sie ihn gekreuzigt haben.
Zwei Jünger sitzen da,
den **Kopf in die Hände gestützt**.
Kleopas und sein Freund.
Keiner traut sich, den anderen anzusehen.
Sie sind traurig. Verzweifelt.
Jesus ist tot. Nun ist alles aus.
Da ist keine Hoffnung mehr.
Sie lassen **die Hände sinken**
und **schütteln den Kopf**.
Wer kann ihnen weiterhelfen,
wer wird ihnen Mut machen,
wer wird sie beschützen –
jetzt, wo Jesus tot ist?
Wenn jemand an die Tür klopft *(Klopfen)*,
schrecken sie hoch
und **blicken sich um**.
Wer kann es sein? Sie haben Angst.
Dann stützen sie wieder den **Kopf in die Hände**.
Jesus ist tot. Alles ist aus.

Später kommen einige Frauen und sagen:
»Wir sind am Grab gewesen
und haben den Leichnam Jesu nicht gefunden.
Aber Engel waren da.
Die haben gesagt: Er lebt!«
Die Jünger **blicken ungläubig auf**.
Jesus lebt?
Sie **schütteln den Kopf**:
Das kann doch gar nicht sein!
Sie **winken ab**:
Ach was, dummes Gerede!
Und wieder sitzen sie da,
den **Kopf in die Hände gestützt**.

Plötzlich **steht Kleopas auf**.
Er **stößt** seinen Freund **an**.
Der **blickt hoch**:
Was ist los?
»Komm!«, sagt Kleopas
und **gibt ihm ein Zeichen**,
dass er aufstehen soll.
»Komm, wir gehen nach Emmaus!«
Und Kleopas **zeigt nach draußen**.
Da **steht auch der Freund auf**.
Und sie **gehen los**.
Sie **gehen** nach Emmaus. Es ist ein weiter Weg.
Zwei Stunden muss man ungefähr gehen,
bis man dort ist.

Sie **gehen nebeneinander her**.
Manchmal **sehen sie sich an**
und **reden miteinander**.
Manchmal **schweigen sie**, während sie weitergehen,
und **sehen zu Boden**, in ihre Gedanken vertieft.
Dann **reden** sie wieder **miteinander**
und **schütteln den Kopf**.
Sie können es nicht begreifen.
Wer kann ihnen weiterhelfen,
wer wird ihnen Mut machen,
wer wird sie beschützen –
jetzt, wo Jesus tot ist?

Auf einmal **geht jemand** mit ihnen,
Er begleitet sie auf ihrem Weg.
Es ist Jesus.
Aber sie erkennen ihn nicht.
Für sie ist es ein Fremder.
Kleopas und sein Freund **reden miteinander**.
Er **geht** neben ihnen her
und **hört ihnen zu**.
Dann **fragt er sie**:
»Worüber sprecht ihr die ganze Zeit?«

Da **bleiben** die beiden **stehen**.
Und Kleopas **schaut ihn mit großen Augen an**:
»Weißt du denn nicht,
was in Jerusalem geschehen ist?«
»Was denn?«, **fragt** der Fremde.
Da **sprudelt es nur so aus ihnen heraus**:
»Das mit Jesus. Jesus von Nazareth.
Er war ein Prophet. Er hat große Dinge getan.
Und wir haben so viel von ihm erwartet!
Aber sie haben ihn getötet.«
Und Kleopas **bildet ein großes Kreuz
mit seinen Händen nach**:
»Sie haben ihn ans Kreuz geschlagen.
An ein großes Kreuz.
Jetzt ist Jesus tot.
Und alles ist aus. –
Da ist keine Hoffnung mehr.«
Der Freund **schlägt die Hände vor's Gesicht**.

Dann **gehen sie weiter**.
Kleopas mit seinem Freund - und der Fremde auch.
Sie **erzählen und erzählen**,
was sie erlebt haben.
Und der Fremde **hört ihnen zu** und **redet mit ihnen**:
»Begreift ihr denn nicht?
Seid ihr denn **blind**?
Glaubt ihr nicht,
was die Propheten von Christus gesagt haben?
Musste er nicht leiden und sterben und auferstehen?«
So **gehen sie miteinander weiter**.

Dann kommt die Abenddämmerung.
Da sehen sie das Dorf vor sich liegen.
»Sieh«, sagt Kleopas und **zeigt nach vorn**,
»gleich sind wir in Emmaus.«
Und sein Freund **schaut zum Himmel**
und **zeigt** auf die untergehende Sonne am Horizont.
Er **sagt** zu dem Fremden:
»Bleibe bei uns, denn es will Abend werden,
und der Tag hat sich geneigt.«
»Ja«, **sagt** Kleopas und **nickt**:
»bleib bei uns in Emmaus.«
Und er **macht eine einladende Geste**:
»Komm in unser Haus. Sei unser Gast!«

Da **gehen** sie ins Haus.
Kleopas und sein Freund **decken den Tisch**.
(Teller, Kanne und Kelche werden auf den Altar gestellt.)

Sie **nehmen Platz**,
um gemeinsam zu Abend zu essen.
(Hinsetzen)

Und als sie gerade anfangen wollen,
nimmt Jesus das Brot.
Er **spricht** das Dankgebet,
bricht das Brot
und **gibt es** dem Kleopas und seinem Freund.
Da **fällt es ihnen wie Schuppen von den Augen**:
»Es ist Jesus!
So hat er es auch sonst gemacht
mit dem Brot und dem Dankgebet.
Er ist mit uns gegangen.
Wir haben es nur nicht gemerkt.
Aber als er mit uns gesprochen hat,
da ist es uns schon warm ums Herz geworden.«

Als sie **aus ihren Gedanken aufblicken**,
ist Jesus nicht mehr zu sehen.
Aber sie wissen: »Er ist nicht tot.
Nein, Jesus lebt.
Er wird uns weiterhelfen.
Er wird uns Mut machen.
Er wird uns beschützen.
Danket dem Herrn, denn er ist freundlich,
und seine Güte währet ewiglich.«

Anschließend wurde Abendmahl gefeiert. Dann wurde der Schluss der Emmausgeschichte erzählt:

Und so geht die Geschichte von den Emmaus-Jüngern weiter …

Als Kleopas und sein Freund am Tisch sitzen
und **das Brot in den Händen halten**,
das der Fremde ihnen gegeben hat,
als sie erkannt haben: »Es ist Jesus!«,
da **sagen sie**: »Wir müssen zurück nach Jerusalem!
Wir müssen den anderen sagen, dass Jesus lebt!«

Und **sie stehen auf**, obwohl es schon dunkel ist,
und **gehen los**.
Den gleichen Weg zurück.
Spät am Abend **kommen sie in Jerusalem an**.
Alle **sind noch da**:
Die Frauen und die Männer,
die mit Jesus gegangen sind.
In dieser Nacht gibt es **viel zu erzählen**.
Immer wieder **rufen sie einander zu**:
»Christus ist auferstanden!
Der Herr ist wahrhaftig auferstanden!«
»Ja«, **sagen** Kleopas und sein Freund,
»Jesus lebt.
Wir haben es erkannt,
als er mit uns Abendmahl gefeiert hat.
Wir wollen es weitersagen.

(Dieser Schlussteil kann, muss aber nicht pantomimisch zur Erzählung begleitet werden.)

Bausteine: Nicht allein

3. Schlusskreis

Vor dem Lied »Christ ist erstanden« (EG 99, KuS 116) und dem Segen wurde zu einem Schlusskreis eingeladen:

In der Geschichte, die wir gehört und gesehen haben, sind zwei Menschen unterwegs. Gemeinsam unterwegs. Es geht ihnen nicht gut. Sie sind traurig und bedrückt. Aber sicherlich ginge es ihnen noch schlechter, wenn sie allein unterwegs wären – jeder mit seiner Traurigkeit und seiner Enttäuschung für sich. Nein, Gott-sei-Dank sind sie zusammen unterwegs, Kleopas und sein Freund. Und so können sie wenigstens miteinander reden – und miteinander stillsein und schweigen.

Und hinterher, als sie gemerkt haben: »Jesus lebt!«, auch da sind sie Gott-sei-Dank nicht allein, sondern sitzen gemeinsam am Tisch. Sie können sich gegenseitig bestätigen: »Ja, er ist es.« Sie können zusammen den Weg zurückgehen. Sie können sich gemeinsam freuen.

In unserem Wohnheim muss auch niemand allein sein. Sie alle, die da leben und arbeiten, können einen gemeinsamen Weg gehen. Sie können zusammen traurig sein. Sie können gemeinsam lachen. Sie können miteinander alle Dinge tun, die zu tun sind.

Ich bitte jetzt alle Bewohnerinnen und Bewohner und alle Mitarbeiterinnen und Mitarbeiter, gemeinsam einen großen Kreis zu bilden … *(Ein Kreis wurde gebildet.)*

Die Jünger in Emmaus erfahren: »Jesus lebt!« Sie erkennen: »Jesus ist mit uns gegangen – wir haben es nur nicht gemerkt.« Sie können das Vertrauen haben: »Er wird auch in Zukunft bei uns sein, an unserer Seite.«

Und das gilt nicht nur in Emmaus. Das gilt auch in unserer Stadt und unserem »Dorf«. Jesus sagt uns allen: »Siehe, ich bin bei euch alle Tage bis an der Welt Ende.« Eine Erinnerung an diesen Jesus, der mit uns geht, ist das Kreuz, das jetzt alle Bewohnerinnen und Bewohner des Heimes bekommen sollen. Eine Erinnerung an den lebendigen Jesus, der bei uns ist, ist ebenso die Osterkerze, die jetzt jede Wohngruppe erhalten wird.
(Kreuze und Osterkerzen wurden überreicht.)

4. Weitere Materialien

Kamishibai Bildkartenset: **Die Emmausgeschichte**

Auf elf großformatigen Bildkarten (DIN A3) wird für Kinder ab 3 Jahren die Erfahrung der Jünger von Emmaus erzählt.

Best.-Nr. 3407, www.junge-gemeinde.de

Kerstin Othmer (Hg.)
Gott will in der Mitte sein
Gottesdienste und Projektideen zu den Kirchenjahreszeiten

In diesem Buch mit vielen Vorschlägen zur Legegestaltung biblischer Geschichten werden auch Ostergeschichten aus dem Lukasevangelium vorgestellt. »Ostern bei Lukas« berücksichtigt dabei auch die Emmausgeschichte.

128 S., DIN A4, ISBN 978-3-7797-2103-1 (Verlag Junge Gemeinde)

Das Osterwunder
Ein Anspiel zum Familiengottesdienst an Ostern
(Johannes 20,11-18)

Autorin: Irmgard Kaschler

1. Vorbemerkungen

An Ostern stehen wir immer wieder vor dem Problem, dass wir eine Botschaft haben, für die es eigentlich keine Worte gibt. Wir sprechen von einem wunderbaren Geheimnis, das sich aber – wollten wir es erklären – wohl schnell entziehen würde. Die angemessene Form, mit dieser Botschaft des Lebens umzugehen, sind Geschichten und Bilder, die von diesem Wunder erzählen. Sie können in den Herzen der Kinder »Wunderbilder« pflanzen, die sie mitnehmen, auch in die Zeiten, in denen sie sich mit dem Verstehen des Wunders der Auferstehung schwer tun. Im folgenden Anspiel mit Erzählung und Interaktion der Kinder soll die Botschaft von der Auferstehung Jesu als Geheimnis stehen bleiben und doch die Freude und Lebenskraft, die sie bis heute in gleicher Weise hat, spürbar werden.

Es gibt verschiedene Möglichkeiten, dieses Anspiel zu verwenden. Es kann in einen Familiengottesdienst eingebaut werden. Aber auch im Rahmen der Kinderkirche, z.B. am Ostermontag, ist es gut einsetzbar. Die Aktionen während der Geschichte (z.B. Schuhe stellen) können auch gut von älteren Kindern nach vorheriger Absprache übernommen werden.

In meiner Erzählung kommt Petrus nach der Botschaft der Maria ans leere Grab. Im Johannesevangelium war er eigentlich schon früher (vgl. Johannes 20,6) dort. Da die von mir gewählte Abfolge aber den anderen Evangelien entspricht, habe ich mir diese Freiheit genommen.

2. Zur Gestaltung der Liturgie

Lieder
Du verwandelst meine Trauer
(KuS 411, LJ 508, KG 198, MKL1 9, LH1 64, KKL 48)
Er ist erstanden, Halleluja
(EG 116, KuS 124, LJ 88, KG 66)

Zu Ostern (Pfingsten) in Jerusalem
(KuS 128, LJ 340, LH 68, KKL 170, KG 74)
Wir wollen alle fröhlich sein
(EG 100, KuS 112, LJ 78, KG 65, MKL 118, KKL 164)

Der Herr ist auferstanden (Kanon)
(KuS 115, LJ 334, KG 68)

Psalmgebet
Psalmu 118,1.14-24 (EG / LJ 678)

3. Materialien und Vorbereitung

Materialien
- Ein kahler Zweig und ein blühender Zweig – sollte es noch keine blühenden Zweige geben, könnte man an einen Zweig Blüten aus Papier anbringen.
- Mit Stühlen und Tüchern eine Höhle bauen.
- Großer runder Karton als Stein, um den Eingang der Höhle zu schließen.
- weißes Leintuch
- Schwert
- großes grünes Tuch

- ein Paar Frauenschuhe als Symbol für Maria von Magdala
- zwei weiße Kerzen
- ein Paar Männerschuhe als Symbol für Jesus
- Papierherz
- drei oder vier Paar Männerschuhe als Symbol für die Jünger

Vorbereitung vor dem Gottesdienst
Ein Grab wird aufgebaut, z.B. aus Stühlen und Tüchern. Es muss eine Höhle sichtbar sein, davor wird ein Stein gelegt, z.B. aus festem Karton. Der Stein verdeckt die Grabhöhle zur Hälfte. Im Grab liegen ein weißes Leinentuch und ein blühender Zweig – für die Kinder nicht sichtbar (!). Vor dem Grab liegt ein Schwert. Man muss darauf achten, dass die Schuhe, die während der Erzählung gestellt werden, von allen gut gesehen werden.

Bausteine: Das Osterwunder

4. Anspiel

Zwei Personen spielen kurz: »Ich sehe was, was du nicht siehst.«

1. Spieler/in: … *(Name)*, kennst du das Spiel »Ich sehe was, was du nicht siehst«?

2. Spieler/in: Aber klar, das kennt doch jedes Kind.

1. Spieler/in: Und würdest du das jetzt mit mir spielen?

2. Spieler/in: Na gut, meinetwegen. Aber ich fang an, o.k.?

1. Spieler/in: Na gut, meinetwegen.

2. Spieler/in: Ich sehe was, was du nicht siehst, und das ist … – *(Farbe vorher absprechen, damit der Gegenstand beim dritten/vierten Mal erraten wird. Die Kinder raten mit.)* – Stimmt!

1. Spieler/in: Also, jetzt bin ich dran. Ich sehe was, was du nicht siehst, und das ist weiß.
(2. Spieler/in rät drei-, viermal, Gegenstand wird nicht erraten. Kinder raten mit.)

2. Spieler/in: *(ärgerlich)*
Weiß ist ja auch viel schwerer als … *(Farbe wie oben)*. Da rat ich ja ewig. Kannst du mir nicht einfach sagen, was es ist?

1. Spieler/in: Hast ja recht, also ich verrate es dir. Es ist das hier: – *(zeigt einen kahlen Zweig)*

2. Spieler/in: Du bist ja witzig – und was soll daran bitteschön weiß sein?

1. Spieler/in: Du siehst nichts Weißes?

2. Spieler/in: Willst du mich veräppeln, oder was?
(Hält den Zweig hoch, damit ihn die Kinder sehen.) Seht ihr / sehen Sie da etwas Weißes? *(Reaktionen abwarten)*
Na also, alle sagen etwas anderes als du, das scheint mir klar entschieden zu sein.

1. Spieler/in: Langsam, langsam, ich habe eine Geschichte mitgebracht. Würdest du sie uns vorlesen?

2. Spieler/in: Du willst wohl ablenken von deinem kahlen Zweig, aber gib her, ich bin ja nicht so.
(2. Spieler/in liest, während 1. Spieler/in die Gegenstände dazu ganz in Ruhe aufstellt.)

2. Spieler/in:
Hier ist ein Garten.
(Ein großes grünes Tuch liegt zusammengefaltet auf dem Boden.)
Aber nicht so ein kleiner Garten, er ist viel größer.
(Das Tuch wird ausgebreitet.)
Der Garten liegt außerhalb von Jerusalem, und er hat etwas Besonderes: In dem Felsen an seinem Rand ist ein Grab im Stein – ein Felsengrab. Es ist das Grab von Jesus.

An diesem Morgen kommt plötzlich jemand auf dem Weg durch den Garten.
Es ist eine Frau. *(Frauenschuhe werden aufgestellt.)*
Maria heißt sie, Maria von Magdala. Sie hat ihren Freund verloren, Jesus. Mit ihm war sie nach Jerusalem gekommen, um das Passafest zu feiern, und nun ist er tot.
Sie hat unter dem Kreuz gestanden und hat ihn schreien hören. Sie hat ihn sterben sehen: Jesus, der ihr so viel bedeutete!
Sie kann noch nicht fassen, was geschehen ist. Und darum ist sie jetzt auch unterwegs am frühen Morgen.
Sie beeilt sich. Sie will zu Jesus.
(Die Schuhe werden weiter nach vorne gestellt.)
Sie will … ach, sie weiß es vielleicht selber nicht … ihm einfach nah sein oder versuchen zu begreifen, dass er tot ist. Immer wieder trüben Tränen ihren Blick und der Weg verschwimmt vor ihren Augen.

Aber was ist das? Am Felsengrab bleibt Maria plötzlich stehen. *(Die Schuhe werden ans Grab gestellt.)* Was ist geschehen?
Da sind keine Wachen, aber ein Schwert liegt auf dem Boden.
Das sieht nach eiliger Flucht aus. Welcher Soldat wirft seine Waffen weg? Wer hat ihn entwaffnet? Und – der Stein ist weggerollt, das Grab ist offen!
Wer hat ihn weggerollt? Das Grab ist leer! Leinentücher liegen da *(Leinentuch herausholen)*, in denen Jesus eingebunden war! Wo ist Jesus? Wohin haben sie ihn gebracht?

Maria sieht zwei Engel in weißen Gewändern.
(Zwei weiße brennende Kerzen werden aufgestellt.)
Aber sie erkennt nicht, dass es Engel sind: der Schreck und die verheulten Augen …
Die Engel fragen sie: »Frau, was weinst du?«
Sie spricht zu ihnen: *(Die Schuhe werden vor die Kerzen gestellt.)*
»Jesus, mein Herr, ist nicht da, man hat ihn fortgetragen und ich weiß nicht, wohin.«
Maria ist verzweifelt. Da dreht sie sich um und sieht hinter sich einen Mann stehen.
(Die Männerschuhe werden aufgestellt.)
Aber der Mann ist kein Soldat. Ein Waffenloser. Er kommt näher. *(Schuhe näher zu Maria stellen.)*
Maria denkt: »Das wird ein Arbeiter sein, der Gärtner. Zu so früher Stunde?« Maria wird unsicher. Ihr Herz schlägt heftig. Der Mann kommt noch näher.
(Die Schuhe werden noch näher herangestellt.)

Bausteine: Das Osterwunder

Maria schöpft neue Hoffnung und fragt ihn: »Herr, wenn du Jesus woanders hingelegt hast, sag mir, wohin du ihn gelegt hast, damit ich zu ihm kann.«
Da ruft der Gärtner sie leise mit ihrem Namen. »Maria!«
Irgendwoher kennt sie diese Stimme. Oft hat Jesus so gerufen. Ja, das ist seine Stimme!
Wie Schuppen fällt es ihr von den Augen: Der Gärtner ist Jesus.
Sie kann es kaum glauben: Jesus lebt!
Eine helle Freude erfüllt ihr Herz *(Die Kerze wird auf ein Papierherz gestellt.)*, wie das Licht der Sonne. Sie fällt ihm zu Füßen und lacht und weint und ist außer sich vor Freude.
Aber als sie seine Knie umfassen will *(Die Schuhe ganz nahe stellen.)*, weicht er zurück.
(Die Männerschuhe werden zurückgestellt.)
»Nicht so, Maria. Du kannst mich nicht festhalten. Bleib stehen, wo du stehst. Höre: Ich gebe dir einen Auftrag.«
»Ich höre, Rabbi, sprich!«
»Geh zu den anderen. Sag ihnen, dass du mich gesehen hast. Sag ihnen, ich gehe zu meinem Vater und zu eurem Vater, zu meinem Gott und zu eurem Gott.«
Dann ist die Stelle, an der Jesus gestanden hat, leer.
(Die Schuhe werden weggenommen.)
Maria kann es kaum fassen.
Sie läuft in die Stadt zurück *(Die Schuhe werden in diese Richtung gedreht.)*, schnell in das Haus, in dem alle Jünger versammelt sind. *(Einige Paare Männerschuhe werden im Kreis gestellt.)*

»Ich habe Jesus gesehen, er lebt. Ich schwöre es euch beim Ewigen: Ich habe ihn gesehen. Er lebt!«

Aber die Jünger glauben ihr nicht, sie halten es für wirres Geschwätz. Doch Petrus lässt es keine Ruhe und er steht auf, läuft zum Grab und bückt sich hinein *(Die Männerschuhe werden zum Grab gestellt.)* und er sieht nur die Leinentücher und wundert sich über das, was geschehen ist und was er dort sieht.

1. Spieler/in: Ja, sollte man glauben, dass man auf einem Friedhof Hoffnung finden kann? In einem Grab das Leben? Ich habe hier in unserem »Grab« etwas versteckt. Schaut mal.
(Nun dürfen alle Kinder wie Petrus in die Höhle schauen und unter das Leinentuch spicken.
Unter dem Leinentuch liegt ein blühender Zweig.
Zum Schluss wird der Zweig von dem/der 1. Spieler/in herausgeholt – und das Anspiel geht weiter.)

1. Spieler/in: Ich sehe was, was du nicht siehst, und das ist weiß. Schau mal!

2. Spieler/in: Jetzt sehe ich es auch, hier sieht der Zweig aus wie tot und wie ein Wunder blüht er wieder – wie neues Leben.

Wie das Ei zum Osterei wurde

Ein Anspiel für einen »Gottesdienst für Alle« mit Frühstück am Ostersonntag

Nach einer alten christlichen Legende

Autorinnen: Anke Schäfer, Alma Grüßhaber

1. Vorbemerkungen

In unserer Gemeinde ist es üblich, am Ostersonntag gemeinsam im Gemeindesaal zu frühstücken und dann Gottesdienst zu feiern. Darum kam ich auf die Idee, einmal das Osterei in das Zentrum des Ostergottesdienstes zu stellen.

Mitwirkende
- Handpuppe »Carlo«, gespielt von einer Mitarbeiterin aus dem Krabbelgottesdienstteam
- Vorleser/in der Geschichte »Wie das Ei zum Osterei wurde«
- Pastorin

2. Anspiel – Teil 1

Pastorin: Frohe Ostern, Carlo! Schön, dass du da bist.

Carlo: Hallo! Frohe Ostern!

Pastorin: Hat dir das Frühstück geschmeckt?

Carlo: Und wie! Ich bin dicke satt geworden.

Pastorin: Was hast du denn alles gegessen?

Carlo: Lass mal überlegen …
Zwei Brote mit Marmelade. Drei Brote mit Wurst …

Pastorin: Was, du hast fünf Schnitten Brot gegessen?

Carlo: Das schmeckt hier alles viel besser als zu Hause.

Pastorin: Hast du auch ein Osterei gegessen?

Carlo: Eins? Zwei, ein rotes und ein gelbes. Die waren echt lecker.

Pastorin: Meinst du, so viele Eier auf einmal sind für dich gesund?

Carlo: Unsere Lehrerin hat gesagt, ein Ei steckt voller Vitamine. Und Vitamine sind doch gesund, oder etwa nicht?

Pastorin: Was hat dir deine Lehrerin denn sonst noch so über Eier erzählt?

Carlo: Sie hat gesagt, ein einziges Ei enthalte sieben Gramm Eiweiß und sechs Gramm Fett. Und im Eiklar, oder wie das heißt, sind Calcium, Phosphor und Eisen drin. Eier sind also sehr gesund.

Pastorin: Du weißt ja eine Menge über Eier! Weißt du denn auch, wie das Ei zum Osterei wurde?

Carlo: Nöö!

Pastorin: Dazu gibt es eine alte Geschichte.

Carlo: Die will ich hören.

3. Geschichte: Wie das Ei zum Osterei wurde

Vor langer Zeit lebte in der Hauptstadt Alexandrien in Ägypten die kluge Königstochter Katharina. Sie hatte von Jesus gehört, ließ sich taufen und gehörte zu den Christen. Oft trafen sich die Menschen, die an Jesus glaubten, in ihrem Haus. Sie beteten miteinander, brachten Speisen mit und aßen gemeinsam.

Eines Tages kam der große Herrscher der Römer, Kaiser Maxentius, in die Stadt. Er wollte alles besitzen. Alle hohen Leute mussten zu ihm kommen, ihm Geschenke bringen und ihn als Gott anbeten. Katharina aber ging nicht in den Palast. Da ließ er sie holen.

Bausteine: Wie das Ei zum Osterei wurde

Mit einem jungen Mädchen namens Ruth ging sie vor den Kaiser. »Du bist Christin?«, fragte er sie, und sie bejahte dies. »Erzähle mir von deinem Gott«, forderte er sie auf.

Da erzählte sie dem großen Kaiser Maxentius alle Geschichten, die sie von Jesus wusste. Erhaben hörte er zu. Als Katharina jedoch erzählte, dass Jesus am Kreuz gestorben und in ein Grab gelegt und am dritten Tag wieder auferstanden sei, schüttelte er seinen Kopf: »Nie und nimmer kann das wahr sein, dass jemand stirbt und dann wiederkommt. Ich kann nicht glauben, dass dieser Jesus auferstanden ist. Du bist doch eine kluge Frau, Katharina, wie kannst du so etwas sagen!«

»Wir haben ihn gesehen. Er hat den Tod besiegt. Bevor er von uns ging, hat er uns die große Aufgabe gegeben, dass wir allen Menschen von ihm erzählen«, sagte Katharina leise.

»Geh weg von mir«, befahl da der Kaiser. »Ich kann dir erst glauben, wenn du aus einem Stein Leben erwecken kannst.«

Traurig ging Katharina heim. Ruth ging mit ihr. Sie sagte: »Komm, sei wieder fröhlich, Katharina. Auch wenn wir die Aufgabe des Kaisers nicht lösen können, er hat uns in Ruhe gehen lassen.« Katharina überlegte Tag und Nacht, wie sie die Frage des Kaisers lösen könnte. »Aus einem harten Stein etwas Lebendiges hervorbringen«, murmelte sie immer wieder.

Es war inzwischen Frühling geworden. Die Sonne schien, Blumen blühten. Eines Tages kam Ruth angerannt, um Katharina etwas zu zeigen. Ruth hatte mitten im Schilf ein Nest entdeckt. Eine Ente hatte sieben braune Eier hineingelegt. Eines war zerbrochen, ein kleines Entlein war herausgekrochen. »Neues Leben«, sagte Ruth. Katharina staunte. Sie wurde ganz aufgeregt. »Das ist es«, flüsterte sie. Sie bat Ruth um ein Stück Tuch. Vorsichtig nahm sie ein braunes Ei aus dem Nest.

»Was tust du, Katharina?«, fragte Ruth.

Katharina nahm das Ei vorsichtig in die Hand. Sie spürte, wie es darin pochte und wie sich etwas bewegte. Dann legte sie das Tuch um das Ei.

»Ich muss rasch zum Kaiser«, sagte Katharina und ging davon.

Katharina eilte zum Palast, vorbei an den Wachen. Der Kaiser Maxentius schaute sie unwillig an. »Hoher Kaiser, vor deinen Augen soll sich das Wunder ereignen, das du von mir verlangt hast«, sagte Katharina und zeigte dem Kaiser das braune Ei.

Genau in diesem Augenblick begann das Entenküken, von innen zu pochen und zu picken. Ein Stück Schale flog auf den Boden. Aufmerksam schaute der Kaiser zu, wie sich das Tier nach und nach befreite. »Neues Leben«, sagte Katharina.

Lange schwieg der Kaiser. Es war zwar kein Stein gewesen, der ihm gezeigt wurde. Das hatte er gleich gemerkt. Aber der mächtige Kaiser hatte doch begriffen, was vor seinen Augen geschehen war. »Aus dem scheinbar toten Ei kam neues Leben«, sagte er nachdenklich.

Später setzte Katharina das Küken wieder zu seiner Familie ins Nest. Seit dieser Zeit ist das Ei zum Osterei geworden.

(Von Alma Grüßhaber nacherzählt nach W. Fährmann, »Wie sieht Gott eigentlich aus?«, Arena Verlag, 2008)

4. Anspiel – Teil 2

Carlo: Da hat der Kaiser Maxentius aber gestaunt, als aus dem scheinbar toten Ei das kleine Entenküken gekrochen kam.

Pastorin: Genau, weil aus dem Ei neues Leben kam!

Carlo: Wie gut, dass die Ruth das Nest im Schilf gefunden hatte. Sonst hätte Katharina die Aufgabe nicht lösen können und Maxentius wäre nicht ins Nachdenken gekommen.

Pastorin: Und wir hätten zu Ostern keine Ostereier.

Carlo: Das wäre aber schade!

Pastorin: Wenn wir uns heute Eier schenken, sagen wir damit: Hier ist neues Leben. Jesus ist auferstanden, freut euch alle!

Carlo: Und warum werden zu Ostern Eier gefärbt oder angemalt?

Pastorin: Hast du denn eine Idee, warum wir zu Ostern Eier färben?

Carlo: Vielleicht, weil bunte Eier fröhlicher aussehen, als braune oder weiße. Es geht ja schließlich um das neue Leben.

Pastorin: Das ist eine gute Idee. Das älteste gefärbte Ei, das man gefunden hat, stammt übrigens aus dem 4. Jahrhundert nach Christus.

Carlo: Boah, so lange werden Eier schon bemalt. Das hätte ich nicht gedacht!

Pastorin: Komm, wir singen gemeinsam von dem neuen Leben ...

Lied: Korn, das in die Erde (EG 98, KuS 94, KG 59, LJ 74)

Paulus – ein später Osterzeuge

Szenen für einen Ostergottesdienst

(Apostelgeschichte 9,1-31)

Autoren: Jutta und Friedrich Behmenburg

1. Szene: Zwei Hohepriester und Paulus

1. Hohepriester:
Das ist doch nicht zu fassen! Dieser Jesus von Nazareth macht uns auch noch nach seinem Tod zu schaffen. Er hat doch wahrlich genug Unruhe gestiftet. Man musste schon Angst haben vor einem Aufstand.

2. Hohepriester:
Zum Glück ist es nicht so weit gekommen. Pilatus, der römische Statthalter, hat ihn zum Tod verurteilt, und er ist gekreuzigt worden.

1. Hohepriester:
Und wir dachten schon, jetzt hätten wir endlich Ruhe. Aber von wegen. Jetzt geht die ganze Sache weiter. Der Leichnam von Jesus ist aus dem Grab verschwunden. Und seine Freunde haben das Gerücht in die Welt gesetzt, er sei auferstanden.

2. Hohepriester:
Sie behaupten sogar, Gott höchstpersönlich habe Jesus von den Toten auferweckt. Und einige von ihnen sagen, sie hätten ihn gesehen.

1. Hohepriester:
Ja, hört das denn nie auf mit diesem Jesus und seinen Wundern? Irgendwie müssen wir die Anhänger des neuen Weges, wie sie sich nennen, irgendwie müssen wir diese Jesusleute doch unschädlich machen können.

2. Hohepriester:
Wir brauchen jemanden, der tüchtig ist. Einen, der fest an das Gesetz Gottes glaubt und die Anhänger dieses Jesus zum Schweigen bringt. Wie man hört, verbreitet sich der Glaube der Freunde von Jesus schon überall, bis hin nach Damaskus.

Saulus tritt auf.

Saulus:
Guten Tag, ihr Herren Hohepriester. Mein Name ist Saulus. Ich bin Pharisäer und halte mich streng an das Gesetz Gottes. Ich will unseren Glauben verteidigen gegen die falsche Lehre der Jesusanhänger. Überall behaupten sie, dieser Jesus sei auferstanden. Ich bin bereit, diese Irrlehrer zu verfolgen. Gebt mir die Erlaubnis und die Vollmacht dazu.

1. Hohepriester:
Saulus, du kommst wie gerufen. Dich können wir gebrauchen. Du bekommst alle Vollmacht, die du brauchst.

2. Hohepriester:
Hier ist ein Brief für die Behörden in Damaskus. Hiermit erlauben wir dir, die Anhänger des neuen Weges, diese Jesusleute, festzunehmen.

1. Hohepriester:
Wir haben gehört, dass es dort einen gewissen Hananias gibt, der viele Leute von unserem Glauben abbringt. Du sollst ihn und seine Freunde unschädlich machen.

Saulus:
Ich werde mich sofort auf den Weg machen. Das wäre doch gelacht, wenn man diesen Anhänger von Jesus nicht das Handwerk legen könnte.

2. Szene: Hananias, Susanna und Johanna

Hananias:
Johanna, Susanna! Ich habe schlechte Nachrichten aus Jerusalem. Petrus und Jakobus haben uns gewarnt. Wir müssen in der nächsten Zeit sehr vorsichtig sein.

Johanna:
Aber warum denn? Es läuft doch gerade so gut für uns. Unser Herr Jesus hat uns so viel Kraft gegeben. Die Gemeinde seiner Jüngerinnen und Jünger wächst. Und wir haben viele Freunde gefunden in Damaskus.

Susanna:
Sogar die Menschen, die noch nicht an Jesus glauben, sind aufmerksam geworden. Viele sind neugierig und interessieren sich für uns und für den Glauben an den auferstandenen Herrn.

Hananias:
Ja, das stimmt, aber genau das ist auch unser Problem. Die Gegner von Jesus wollen jetzt auch uns hier verfolgen. Wie ich gehört habe, ist ein Sondergesandter unterwegs nach Damaskus. Er hat eine Vollmacht und kommt mit einer streitbaren Mannschaft, um viele von uns festzunehmen und nach Jerusalem vor Gericht zu bringen.

Johanna:
Oh, das ist ja furchtbar. Du hast Recht, Hananias, wir müssen sehr vorsichtig sein.

Susanna:
Wir werden alle Freunde warnen. Aber sag, wie heißt der Sondergesandte, der nach Damaskus kommt, um uns zu verfolgen?

Johanna:
Wir müssen seinen Namen wissen, damit wir uns vor ihm in Acht nehmen.

Hananias:
Es ist ein gewisser Saulus, ein Pharisäer und Gesetzeseiferer. Er ist der größte Gegner von Jesus. Und er ist auf dem Weg hierher. Wir sind in großer Gefahr. Aber wir vertrauen auf Jesus. Er kann uns helfen. Und er weiß am besten, wie.

3. Szene: Hananias und Johanna

Johanna:
Hallo, Hananias! Susanna und ich haben alle Freunde gewarnt. Und stell dir vor, wir haben gehört, dass dieser Saulus schon in der Stadt angekommen sein soll. Er wohnt bei einem gewissen Judas in der Geraden Straße.

Hananias:
Ja, ich weiß es schon. Ich bin gerade auf dem Weg dahin.

Johanna:
Was, bist du wahnsinnig?! Du kannst doch nicht dahin gehen! Saulus kennt deinen Namen, er weiß, dass du einer der wichtigsten Anführer unserer Gemeinde bist.

Hananias:
Ja, Saulus weiß, wer ich bin. Der Herr hat ihm meinen Namen genannt. Und der Herr schickt mich jetzt zu ihm. Er wartet schon auf mich.

Johanna:
Ich bitte dich, Hananias. Geh nicht dahin! Du bringst dich in große Gefahr. Saulus ist unberechenbar. Er soll so merkwürdig gelaufen sein, als er in Damaskus ankam. Und er hat ganz unheimliche Augen. Eine Magd von diesem Judas aus der Geraden Straße hat es mir erzählt.

Hananias:
Johanna, hör mir zu: Vertraue ganz auf Jesus. Erinnerst du dich daran, was ich neulich zu dir und Susanna sagte? Jesus hat Mittel und Wege, uns zu helfen, die wir nicht kennen. Jesus hat Saulus schon besiegt, aber ganz anders, als erwartet. Saulus wollte gegen ihn und gegen uns kämpfen. Aber Jesus hat ihn besiegt mit seiner Liebe.

Johanna:
Du sprichst in Rätseln, Hananias. Ich verstehe gar nichts mehr. Wie soll Jesus diesen Saulus denn besiegt haben? Saulus und seine Begleiter sind doch gerade erst angekommen. Und es hat gar keine Kämpfe gegeben.

Hananias:
Jesus hat ihn schon kurz vor der Stadt besiegt, bevor er überhaupt angekommen ist. Und Jesus hat ihn gerade nicht mit Gewalt besiegt, sondern mit seiner Liebe. Jesus hat sich ihm gezeigt, ausgerechnet ihm. Stell dir das vor: Dieser Saulus ist der letzte Osterzeuge geworden, der Letzte, der Jesus gesehen und seine Stimme gehört hat. Wie unsere Freunde in Jerusalem, durfte Saulus auch noch Osterzeuge werden.

Johanna:
Was? Ausgerechnet der durfte erleben, was wir uns alle so wünschen? Er durfte Jesus sehen? Ich verstehe die Welt nicht mehr!

Hananias:
Ja, Johanna, Jesus hat aus seinem größten Gegner einen Freund gemacht. Er soll jetzt auch nicht mehr Saulus heißen, sondern Paulus. Er wird von nun an für Jesus kämpfen, aber nicht mehr mit Gewalt, sondern durch seine Predigt und mit seinen Briefen. Jesus hat ihn zu seinem großen Apostel gemacht. Aber er selbst weiß das noch gar nicht, darum muss ich nun zu ihm gehen.

Johanna:
Wie, er weiß das alles gar nicht? Und woher weißt du es?

Hananias:
Der Herr hat mir im Traum gezeigt, dass ich zu Saulus gehen soll. Du musst wissen: Saulus ist noch blind von der Erscheinung Jesu. Darum hatte er auch so merkwürdige Augen, wie deine Bekannte bemerkt hat. Ich soll ihm die Hände auflegen. Dann wird der Herr ihm die Sehkraft zurückgeben. Und dann werde ich ihm sagen, wozu Jesus ihn auserwählt hat.

Johanna:
Und du meinst, er wird dir glauben?

Hananias:
Ja, davon bin ich überzeugt. Und nun halte mich nicht auf. Er wartet schon.

4. Szene: Zwei Hohepriester

1. Hohepriester:
Ich habe eine ungeheuerliche Nachricht aus Damaskus erhalten. Erinnerst du dich noch an diesen Saulus?

2. Hohepriester:
Ja sicher. Das ist doch dieser energische junge Mann, der uns helfen will im Kampfe gegen die Irrlehre der Jesusleute. Haben wir ihm nicht eine Vollmacht gegeben gegen deren Gemeinde in Damaskus?

1. Hohepriester:
Ja, das haben wir. Aber stell dir vor, was der jetzt macht!

Bausteine: Paulus – ein später Osterzeuge

2. Hohepriester:
Na, ich hoffe, der räumt kräftig auf und legt sich ins Zeug für den rechten Glauben.

1. Hohepriester:
Ja, das tut er, aber nicht, wie du denkst. Der Saulus, den du hier neulich gesehen hast, predigt jetzt überall, Jesus sei für die Sünde der Menschen am Kreuz gestorben. Und er sei auferstanden. Er selber, Saulus, habe ihn gesehen.

2. Hohepriester:
Wie bitte? Das ist ja ungeheuerlich!

1. Hohepriester:
Ja, das kann man wohl sagen. Saulus behauptet sogar, Jesus sei ihm erschienen, und ich habe so ein merkwürdiges Gefühl. Mit diesem Jesus werden wir nicht fertig. Der kämpft mit anderen Mitteln als wir. Ich weiß manchmal gar nicht mehr, was ich von der ganzen Sache mit der Auferstehung halten soll …

1. Hohepriester:
Bitte, ja, jetzt fang du nicht auch noch an.

Weitere Materialien

Kamishibai Bildkartenset: **Paulus wird Apostel**

Auf elf großformatigen Bildkarten (DIN A3) wird für Kinder ab 3 Jahren erzählt, wie Paulus vom Verfolger zum Apostel wird.

Best.-Nr. 3646, www.junge-gemeinde.de

Von der Kraft, die Leben schafft
Ein Baustein für einen Familiengottesdienst an Pfingsten

(Apostelgeschichte 2)

Autor: Rüdiger Maschwitz (nach einer Idee von Bärbel Krah)

1. Vorbemerkungen

Sie benötigen: Für jede Person einen kleinen Stab (25 cm) mit nur einem Streifen Krepppapier (Länge wahlweise zwischen 40 -100 cm, entweder in der Farbe Rot oder Orange oder Gelb oder Tiefblau).
Unterschiedliche Länge führt zu unterschiedlichem Klang. Dabei wird entweder eine Krepppapierrolle in kleine Rollen (3-5 cm) geschnitten. Dies geht mit einer großen Schere. Oder es werden entsprechende Rollen gekauft. Von den Rollen werden die Streifen abgeschnitten und festgetackert. Dabei wird das Ende zum besseren Tackern doppelt genommen. Es entsteht eine Art Peitsche mit Krepppapier.

Vor Beginn der Geschichte werden alle eingeladen, mit dem Stab und dem daran befestigten Kreppstreifen Erfahrungen zu sammeln.
Folgende Anleitungen sind hilfreich:
- Bewegen Sie den Stab langsam!
- Bewegen Sie den Stab schnell!
- Wie eine Peitsche knallen lassen!
- Malen Sie mit dem Stab Figuren (Kreise, Achten, Wellen …) in die Luft!
- Laut und leise!

Wichtiger Hinweis für die Erzählung: In der zweiten Spalte steht jeweils, was mit dem Stab geschehen soll. Es kann sinnvoll sein, dass alle die Geschichte im Stehen hören und mitmachen.

2. Pfingsterzählung

Erzählung	Anleitung zur Bewegung des Stabs
Die Freunde Jesu, seine Jünger, saßen am Tag des Pfingstfestes, dem jüdischen Wochenfest zusammen. Sie trafen sich an jedem Sonntag. Seit der Auferstehung Jesu waren 50 Tage vergangen. Da geschah etwas Unerwartetes:	
Vom Himmel her kam ein Brausen.	*Den Stab langsam und leise bewegen.*
Das Brausen wurde stärker …	*Immer etwas lauter und schneller bewegen.*
… und stärker.	*Noch etwas lauter und schneller bewegen.*
Das Brausen wurde zum Sturm.	*Schnell, sehr laut und ab und zu wie eine Peitsche bewegen.*
Das ganze Haus wurde von dem Sturm erfüllt.	*Die Bewegung gewähren und langsam wieder ruhig werden lassen, eventuell mit der Hand anzeigen.*
Auf jedem Menschen, der in dem Haus war, ließen sich auf dem Kopf Zungen wie von Feuer nieder.	*Sanft mit dem Krepppapier über den eigenen Kopf streichen.*
Alle spürten, der Heiligen Geist war mitten unter ihnen da.	*Weiter über den Kopf streichen.*

Dieser Geist stärkte die Menschen …	*Wieder starke Bewegungen im Raum machen.*
… und erfüllte sie mit Kraft und schenkte ihnen allen Verständnis füreinander.	*Kurze kraftvolle Bewegungen mit dem Stab ausführen.*
In der Stadt Jerusalem wohnten Menschen aus vielen Völkern, die alle dem einen Gott vertrauten.	*Still werden.*
Diese Menschen hörten nun das Brausen, das Tosen, den Windhauch Gottes.	*Noch einmal in die unterschiedlichen Bewegungen gehen und wieder leiser werden, aber nicht aufhören.*
Alle Menschen konnten sich plötzlich verstehen und hörten aufeinander. Jeder verstand jeden. Sie hörten die Jünger Jesu jeweils in ihrer Sprache von Gott und Jesus erzählen.	*Die Menschen mit rotem Krepp bewegen ihren Stab, die anderen schauen und hören. So geht es mit jeder Farbe weiter: orange, gelb, tiefblau.*
Es geschah etwas Wunderbares und Neues. Alle Menschen fragten sich: Was soll das bedeuten? Warum sind diese Menschen alle so erfüllt?	*Alle bewegen noch einmal gleichzeitig ihren Stab.*
Und Petrus antwortete: »Der Geist Gottes erfüllt uns alle! Jesus Christus hat uns versprochen, mit diesem Heiligen Geist bei uns zu sein. Diesen Geist spürt ihr jetzt. Er will auch euch begleiten«.	*Es wird still im Raum und jeder berührt einen anderen Menschen vorsichtig mit dem Krepppapierende auf dem Kopf.*

Kreativ durch die Passions- und Osterzeit

Jesu Weg vom Einzug in Jerusalem bis zum Tod am Kreuz

Ein Bodenbild mit Tüchern und Gegenständen am Karfreitag

(Matthäus 21-27 i.A.)

Autor: David Ruddat

1. Vorbereitung

Die Passionserzählung nach Matthäus wird in bis zu acht Kleingruppen vorbereitet, indem die Kindergottesdienstkinder einen Teil der Passionsgeschichte erzählt bzw. vorgelesen bekommen und danach passend zu ihrem Abschnitt einen Gegenstand suchen. Als Vorlage kann die Passion des Matthäusevangeliums verwendet werden, wie im Beispiel aufgeteilt, oder auch die Passionsgeschichte der vor Ort genutzten Kinderbibel. Wichtig ist, dass die Version der Vorbereitung die gleiche ist, die auch bei der Entstehung des Bodenbildes verwendet wird.

Die neun Abschnitte der Passionsgeschichte könnten für die Kleingruppen so aussehen:
1. Der Einzug in Jerusalem (Matthäus 21,1-11)
2. Die Tempelreinigung (Matthäus 21,12-17), der Plan der Hohenpriester und Ältesten (Matthäus 26,3-5) und der Verrat des Judas (Matthäus 26,14-16)
3. Das Abendmahl (Matthäus 26,17-30)
4. Die Ankündigung der Verleugnung, Jesus in Gethsemane und die Gefangennahme Jesu (26,31-55)
5. Jesus vor dem Hohen Rat (Matthäus 26,57-68)
6. Die Verleugnung des Petrus (Matthäus 26,69-75)
7. Jesus vor Pilatus (Matthäus 27,1-2. 11-14) und Jesu Verurteilung und Verspottung (Matthäus 26,15-30)
8. Jesu Kreuzigung und Tod (Matthäus 26,31-56)
9. Jesu Grablegung (Matthäus 26,57-61)

Den Kindern wird der betreffende Abschnitt der Passionsgeschichte vorgelesen. Dann suchen die Kinder gemeinsam einen Gegenstand, der aus ihrer Sicht zu ihrem Abschnitt der Passionsgeschichte passt. Das kann ein Gegenstand aus dem Gebäude sein, wo der Gottesdienst gefeiert wird, oder eine Sache von draußen. Der Fantasie sind keine Grenzen gesetzt.

Die Kinder machen sich Gedanken zu diesem Gegenstand. Mögliche Impulsfragen:
- Was macht diesen Gegenstand aus?
- Woher kommt er?
- Wofür wird er normalerweise benutzt?
- Warum passt dieser Gegenstand zu ihrem Teil der Passionsgeschichte?
- Wieso haben wir ihn für unseren Teil der Geschichte ausgesucht?

Bei kleineren Kindergottesdiensten können einzelne Gruppen auch mehrere Abschnitte übernehmen oder mehrere Abschnitte werden zusammengelegt.

Die Gegenstände zum 3. Teil (Das Abendmahl) werden vom Vorbereitungsteam des Kindergottesdienstes übernommen und vorgestellt. Es bietet sich an, hierfür das im Kindergottesdienst oder Familiengottesdienst verwendete Abendmahlsgeschirr zu benutzen.

Abendmahlsgeschirr: siehe Hinweis Seite 18

Jesu Weg vom Einzug in Jerusalem bis zum Tod am Kreuz

2. Liturgische Erzählung mit Bodenbild und Gegenständen

Nachdem die Abschnitte in den Kleingruppen vorbereitet wurden, werden die einzelnen Abschnitte vorgestellt.

Vorgeschichte
(erzählt von einem Teammitglied)

»Jesus ist ein Mensch, der wunderbare Dinge tut und erstaunliche Sachen sagt. Die Menschen sind von Jesus und seiner Botschaft begeistert.	*Ein gelbes Tuch wird in die Mitte gelegt.*
Er weckt ihre Hoffnung und gibt ihnen Kraft.	*Eine Kerze wird in die Mitte des großen gelben Tuches gestellt.*
Er bringt Licht in das Dunkel.	*Die Kerze wird angezündet.*
Viele Menschen folgen ihm.	
Aber dann kommt alles ganz anders, als sie gedacht haben.«	*Ein großes schwarzes Tuch wird spiralförmig zur Mitte, Richtung Kerze, über das gelbe Tuch gelegt, so dass an den Rändern noch das gelbe Tuch herauslugt.*
	Kurzes Einspielen von Instrumentalmusik.

Weiterer Aufbau des Bodenbildes

Nun platziert die erste Gruppe ihren Gegenstand an dem schwarzen Tuch, sagt kurz etwas zu dem Gegenstand an sich. Danach erklärt sie, warum sie diesen Gegenstand zu diesem Abschnitt der Passionsgeschichte ausgesucht hat. Anschließend wird ihr Abschnitt der Passionsgeschichte vorgelesen oder erzählt und es folgt das kurze Einspielen von Instrumentalmusik, bevor dann die nächsten Gruppen nach dem gleichen Schema folgen.
Nach der letzten Gruppe wird die Kerze in der Mitte ausgeblasen.
Die Kinder werden ermutigt, sich darüber auszutauschen, was das für eine Geschichte ist und was ihnen durch den Kopf geht, wenn sie diese Geschichte hören. Zur Vorbereitung dieses Gesprächs kann es sinnvoll sein, die Kinder aufzufordern, ein Bild mit den passenden Farben zu gestalten. Die gemalten Bilder werden wahrgenommen und evtl. von der Künstlerin oder dem Betrachter kurz kommentiert.
Nach dem Gespräch wird die Geschichte mit den folgenden Worten weitererzählt:

»Eigentlich hätte jetzt alles aus sein müssen. Und den Freundinnen und Freunden von Jesus ging es genauso. Sie waren niedergeschlagen, enttäuscht und wütend, über sich, über die anderen und auch über Jesus und die ganze Welt. Sie fragten sich und die anderen: ›Wie soll es jetzt eigentlich weitergehen?‹ Habt ihr eine Idee?«	*Kurzes Einspielen von Instrumentalmusik und anschließender Nennung einzelner Ideen.*

Danach wird die Geschichte mit den Worten abgeschlossen:

»Doch dann erleben sie etwas. Etwas, was niemand erwartet. Etwas völlig anderes.«	*Das Licht der Kerze wird wieder angezündet.*
»Aber das ist eine ganz andere erstaunliche und wunderbare Geschichte. Und diese Geschichte wird am nächsten Sonntag erzählt.«	

Zur Ostergeschichte siehe in diesem Buch z.B. S. 29 f., 62 f. und 81 f.

Oster-Fensterbild
Eine Bastelarbeit

(Lukas 22-24 i.A.)

Autoren: Karin Riedel / Uli Gutekunst (Illustrationen)

Anleitung für die Bastelarbeit

Mit fünf Teilen entsteht ein riesiges Osterbild. Ins Fenster gehängt, erzählt es mit seinen leuchtenden Farben die Geschichte von Jesus: wie er verhaftet und getötet wurde und wie er stärker war als der Tod und wieder lebendig wurde.

Die einzelnen Teile (s. Seite 95-99) werden kopiert und ausgeschnitten. Anschließend werden die weißen Flächen mit **Holzfarben** bunt angemalt. Dann werden sie auf der Rückseite mit Öl eingestrichen, so dass das Papier durchscheinend wird. Zum Schluss werden sie so zusammengeklebt, wie das Farbbild unten es zeigt.

Die Bastelarbeit kann gemeinsam mit den Kreuzweggeschichten von Charlotte Altenmüller (s. Seite 57 ff.) eingesetzt werden.

Illustration – Fensterbild:
© *Uli Gutekunst, www.uli-gutekunst.de*

Bastelarbeit – Oster-Fensterbild 95

Illustration – Fensterbild:
© Uli Gutekunst, www.uli-gutekunst.de

Bastelarbeit – Osterfensterbild

Illustration – Fensterbild:
© Uli Gutekunst, www.uli-gutekunst.de

Bastelarbeit – Oster-Fensterbild 97

Illustration – Fensterbild:
© Uli Gutekunst, www.uli-gutekunst.de

98 Bastelarbeit – Osterfensterbild

Illustration – Fensterbild:
© *Uli Gutekunst, www.uli-gutekunst.de*

Bastelarbeit – Oster-Fensterbild

Illustration – Fensterbild:
© Uli Gutekunst, www.uli-gutekunst.de

Oster-Mobile

Eine Bastelarbeit

(Johannes 20 u. 21 i.A.)

Autoren: Karin Riedel / Sabine Fleischmann (Illustrationen)

Anleitung für die Bastelarbeit

Aus den Figuren und Symbolen (unten und rechts) wird ein Mobile (s. Foto Seite 102) hergestellt.
Jede Figur zweimal (für die Vorder- und Rückseite) aus dem Buch auf stärkeres Papier kopieren. Die beiden identischen Blätter so zusammenkleben, dass die zweite Figur spiegelbildlich und deckungsgleich über der ersten liegt. Die Figuren werden von den Kindern am besten zuerst auf beiden Seiten angemalt und dann erst ausgeschnitten. Mit einer Nadel sticht man jeweils ein Loch in die markierte Stelle (Kringel).
Das Herz wird unten an die Figur der Maria mit einem Faden angebunden. Beides wird dann ebenfalls mit einem Faden mit der Jesusfigur (Kringel unten am Gewand) verbunden. Am Kringel oben bei der Kopfbedeckung der Jesusfigur wird der Faden befestigt, mit dem dann das ganze Mobile aufgehängt wird.
Die Hand wird unten an die Figur des Jüngers Thomas angebunden. Beides wird an dem Kringel bei der linken Hand der Jesusfigur mit einem Faden befestigt.
Der Mund wird unten an die Figur des Petrus gebunden. Oben wird Petrus an die rechte Hand der Jesusfigur geknüpft.
Das fertige Mobile kann an einem Ast, z.B. einer Korkenzieher-Haselnuss, an einer Lampe oder am Fenster aufgehängt werden.

Jesusfigur

Illustration – Ostermobile:
© *Sabine Fleischmann*

Bastelarbeit – Ostermobile   101

Maria

Thomas

Petrus

Symbol Herz

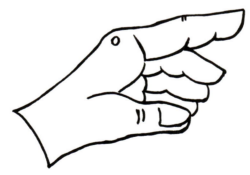
Symbol Hand

Symbol Mund

Illustrationen – Ostermobile:
© Sabine Fleischmann

102 Bastelarbeit – Ostermobile

So könnten die Figuren bemalt aussehen ...

... und so sieht das fertige Mobile aus.

Illustrationen – Ostermobile:
© Sabine Fleischmann

Vom Weizenkorn zum Osterei
Passions- und Ostersymbole für die Kleinen

Autorin: Helga Striebel

1. Vorbemerkungen

Die Passionszeit, die sieben Wochen vor Ostern beginnt, ist im Erleben der Kinder eingebettet zwischen lustigen, fröhlichen Festen. Sie folgt unmittelbar auf die ausgelassenen Faschingstage mit Verkleiden und Spaß, vielleicht auch mit Faschingspartys zuhause oder im Kindergarten. Und sie geht über in die Osterzeit, die einhergeht mit bunten Ostereiern und fröhlichem Osternester-Suchen. Begleitet wird die Passionszeit vom Erwachen der Natur: Wiesen und Sträucher werden langsam wieder grün, erste Blumen fangen an zu blühen.

Vom Kirchenjahr her gesehen, ist die Passionszeit dagegen eine Zeit der Stille und der leisen Töne. Sie ruft dazu auf, Jesus auf seinem Leidensweg ans Kreuz zu begleiten. Sehr konzentriert geschieht dies in Kreuzwegen, die zunehmend auch für Kinder angeboten werden. Kreuzwege orientieren sich an den Stationen der letzten Tage im Leben Jesu.

In vier Bausteinen können sich jüngere Kinder mit Symbolen der Passions- und Osterzeit mit allen Sinnen befassen. Dabei kommen jeweils biblische Geschichten in den Blick. Man kann mit den Symbolen einen Stationenweg zu Passion und Ostern gestalten. Man kann die vier Bausteine aber auch einzeln aufgreifen.
Für Kinder in diesem Alter bietet es sich an, die Stationen jeweils mit dem Lied »Als Jesus gestorben war« (KuS 100, MKL 113, LH2 258) abzuschließen.

2. Die Stationen und ihre Symbole

1. Das Weizenkorn

Benötigt werden:
- *Weizenkörner*
  (Falls sie gesät werden sollen, müssen sie keimfähig sein und vorher eingeweicht werden; man bekommt sie im Reformhaus, im Bioladen oder beim Bauern.)
- *Blumenerde*
- *eine Ähre (falls vorhanden)*

Jedes Kind bekommt ein paar Weizenkörner in die Hand.
Wie sehen sie aus, wie fühlen sie sich an? *(»rund, glatt, hart«)*

Das kleine Korn hat Schalen, die man wegmachen kann. *(Die Kinder versuchen, die Körner zu schälen.)*
Man kann sie auch essen. Sie sind hart, aber wenn man daraus Mehl macht, dann können wir leckeres Brot oder Kuchen backen.
Was kann man noch mit den Körnern machen? *(»aussäen«)*
Dazu braucht man Erde. *(In einer großen Schale ist Blumenerde. Die Kinder dürfen hineinfassen.)*
Wie fühlt sich die Erde an, wie riecht sie? Wie macht man das jetzt, wenn man die Körner sät? *(Weizenkorn wird in die Erde gesteckt.)*

Was braucht es denn jetzt noch, damit es wachsen kann? *(»Sonne, Wasser, Wärme«)*
Dann kommt aus dem gesäten Korn ein kleines grünes Pflänzchen, ein Keimling, heraus. Und was passiert mit dem alten Korn? *(»wird schrumpelig, faulig, vermodert schließlich«)*

Jesus hat so ein Weizenkorn einmal als Beispiel genommen. Er wusste, dass er sterben muss, und seine Freunde waren traurig darüber. Sie verstanden nicht, wozu das gut sein sollte. Da sagte Jesus: »Wenn das Weizenkorn nicht in die Erde fällt und stirbt, bleibt es ein einzelnes Korn. Aber wenn es stirbt, bringt es viel Frucht.« Dann wächst nämlich eine ganze Ähre daraus mit vielen Körnern dran.

Mit den Kindern jetzt die Ähre anschauen und zählen, wie viele Körner in der Ähre sind.

Jedes Kind darf ein paar Körner in ein Töpfchen oder Schälchen säen. Man kann auch gemeinsam direkt in die große Schale mit Blumenerde säen. Dann kann ein/e Mitarbeiter/in die Schale zum Gießen mit nach Hause nehmen und am nächsten Sonntag wieder mitbringen.

Vom Weizenkorn zum Osterei

2. Brot und Saft

Benötigt werden:
- *ein ganzes Brot*
  (Wenn es anschließend gegessen werden soll, bietet sich eventuell Fladenbrot an.)
- *Weintrauben*
  (Falls um diese Jahreszeit vorhanden, sonst Krug mit Traubensaft.)

Das Brot von Hand zu Hand reichen. Die Kinder beschreiben seine Form, die Rinde.
Ist es schwer oder leicht? Kann man es riechen?
(Die Kinder erzählen, wann sie Brot essen, welches sie am liebsten mögen, wie sie es am liebsten essen: mit Käse, Wurst, Butter, einfach so.)

Kennt ihr den Geruch von frischgebackenem Brot? Stellt euch mal vor, wie das riecht.

(Eine Schale mit Weintrauben herumgehen lassen. Jedes Kind darf sich eine nehmen und essen.)
Wie hat die Traube geschmeckt? War sie süß oder eher sauer? Waren kleine Kerne drin? *(Kinder antworten.)*
Was kann man aus diesen Trauben machen? *(»Traubensaft und Wein«)*

(An dieser Stelle kann man die Abendmahlserzählung einfügen, zum Beispiel Lukas 22,14-23.)
Bis heute feiern wir in der Kirche das Abendmahl. Wir erinnern uns an das letzte Abendmahl, das Jesus mit seinen Freunden gefeiert hat. Jesus hat gesagt: »Immer, wenn ihr das Abendmahl miteinander feiert und Brot und Wein oder Traubensaft miteinander teilt, bin ich ganz nahe bei euch.«
Wir essen jetzt miteinander das Brot und trinken dazu Traubensaft.

Fladenbrot kann von Hand zu Hand weitergereicht werden. Jedes Kind bricht sich ein Stück ab und reicht das Brot dann weiter. Alle achten darauf, dass jede/r etwas bekommt.

2. Das Kreuz

Benötigt werden:
- *verschiedene kleinere und größere Kreuze*
  (z.B. das Kreuz im Kindergottesdienstraum, Kreuz als Anhänger, Handkreuz, Kreuze aus unterschiedlichen Materialien)

Die Kinder betrachten die Kreuze. Die kleineren Kreuze dürfen sie natürlich auch in die Hand nehmen. Sie beschreiben, woraus sie gemacht sind, wie sie sich anfühlen. Wenn der Kindergottesdienst in der Kirche stattfindet, kann man mit den Kindern natürlich auch das dortige Kreuz oder Kruzifix eingehend betrachten.
Warum haben wir in unserem Kindergottesdienst immer ein Kreuz aufgestellt? Warum gibt es überhaupt so viele Kreuze – als Anhänger, zum Aufstellen und In-die-Hand-Nehmen?

(An dieser Stelle bietet sich eine kurze, zusammenfassende Erzählung der Kreuzigungsgeschichte an. Zeitlos gut für kleinere Kinder ist die Erzählung mit Bildern von Kees de Kort, Bibelbilderbuch, Band 5, Deutsche Bibelgesellschaft Stuttgart, 1987.)

Viele Menschen waren damals sehr traurig darüber, dass Jesus sterben musste. Auch wir denken jedes Jahr am Karfreitag an diesen schweren Tag. Doch wir wissen es ja schon: Jesus ist auferstanden an Ostern. Deshalb ist das Kreuz nicht nur ein Zeichen, das uns an den Tod erinnert, sondern auch ein Zeichen für neues Leben. Wenn wir ein Kreuz sehen, wissen wir: Jesus ist ganz nah bei allen, die schwer krank sind oder sterben müssen. Und wir wissen auch: Jesus hat den Tod besiegt.

Anschließend kann man mit den Kindern ganz einfache Kreuze basteln: Einfach kleine, trockene Zweige (Reisig) zurecht schneiden, jeweils einen kleineren und einen größeren Zweig in Kreuzform zusammenlegen und in der Mitte mit Schnur zusammenbinden. (Bei größerer Kinderzahl ist es gut, wenn man dabei zu zweit ist, da beim Zusammenbinden Hilfe nötig ist.)

Vom Weizenkorn zum Osterei

4. Ostersymbole

Benötigt werden:
- eine große, runde Scheibe aus gelbem Tonpapier (oder gelbes Tuch, zum Kreis gelegt)
- gelbe Tonpapierstreifen
- ein Korb mit hart gekochten unbemalten Eiern
- Farben zum Bemalen

Alternativ:
- größeres Bild von einem Schmetterling (Beispiel siehe Seite 106)
  eventuell auch von Raupe und/oder Kokon
- Malpapier
- Wasser- oder Fingerfarben

Zunächst ist auf dem Tisch nur das Kreuz zu sehen. Anknüpfend an die Kreuzigungsgeschichte nun die Ostergeschichte erzählen (z.B. Lukas 24,1-12), eventuell aus einer Kinderbibel (siehe oben: Kees de Kort; Bibelbilderbuch).

Die Frauen sind ganz traurig zum Grab gegangen und dann fröhlich umgekehrt. Als sie gekommen sind, war es in ihnen dunkel. Jetzt ist es plötzlich hell geworden. Es war, als ob in ihnen die Sonne aufgegangen wäre.

(Die Sonnenscheibe auf den Tisch legen. Jedes Kind kann nun einen oder mehrere Tonpapierstreifen an die Scheibe legen. Anschließend den Korb mit den Eiern auf den Tisch stellen.)

Eier gibt es an Ostern viele, meistens sind sie ganz bunt bemalt, damit es auch richtige Ostereier sind. Aber warum gibt es denn überhaupt an Ostern solche Eier? Wenn das Ei nicht gekocht ist, wenn es auch nicht eingesammelt, verkauft und gegessen wird – was kann sonst noch aus einem Ei werden, das die Henne gelegt hat? *(»Henne brütet, ein Küken schlüpft aus dem Ei.«)*

Dieses kugelige Ding, das fast aussieht wie ein Stein, ganz ohne Leben, trägt in sich ein kleines lebendiges Küken, ein neues Leben. Deshalb ist das Ei zum Zeichen für Ostern geworden, für die Auferstehung.

Jetzt können die gekochten Eier bunt bemalt werden.
Alternative: Bild mit Schmetterling zeigen (siehe Seite 106).

Bald fliegen sie wieder, die bunten Schmetterlinge. Auch sie sind ein Zeichen für das neue Leben an Ostern. Warum? Bis der Schmetterling fliegen kann, muss er sich zweimal verändern: Aus der Raupe wird eine ganz starre Puppe *(evtl. auch Bilder zeigen)*. Die hängt völlig leblos an einem Zweig. Doch wenn es Zeit ist, geht die Hülle auf und der fertige Schmetterling kommt heraus – so wie Jesus nach drei Tagen vom Tod auferstanden ist.

Wer möchte, kann mit den Kindern kleine »Klappschmetterlinge« machen: Kleine Blätter (DIN-A5 oder kleiner) in der Mitte einmal falten, aufklappen, dann auf eine Hälfte mit Finger- oder Wasserfarben längs des Falzes einen länglichen Farbfleck (als Schmetterlingskörper) auftragen, dann in verschiedenen Farben Flecke für die Flügel. Nun wird das Papier wieder gefaltet. Es gibt gespiegelte Abdrücke auf der anderen Papierhälfte, sodass ein ganzer Schmetterling entsteht (s. Foto unten).
Man muss bei den Kindern darauf achten, dass die Farbe nicht allzu nass, aber auch nicht zu wenig und zu trocken aufgetragen wird. Da kann man ruhig ein bisschen experimentieren: Kinder machen das mit Begeisterung.

Klappschmetterlinge

Foto »Klappschmetterlinge«: © Helga Striebel

Foto Seite 106:
© Gerd Ulmer, Hemmingen,
aus dem Set »Symbolbilder für Kleinere« in der Trauertasche, Verlag Junge Gemeinde

106 Vom Weizenkorn zum Osterei

Kreuzmemory

Ein Spiel zur Passions- und Ostergeschichte

(Matthäus 21-28 i.A.)

Autoren: Karin Riedel, Uli Gutekunst (Illustrationen)

Anleitung für die Bastelarbeit

Das Kreuzmemory (rechts) erzählt die folgenden Szenen der Passions- und Ostergeschichte jeweils in vier Bildkarten:

- Einzug in Jerusalem
  (Matthäus 21,1-10)
- Das letzte Mahl und Gethsemane
  (Matthäus 26,17-30 und 47-56)
- Die Verleugnung des Petrus
  (Matthäus 26,31-35 und 57-75)
- Kreuzweg Jesu
  (Matthäus 27,1-2 und 11-54
- Auferstehung Jesu
  (Matthäus 27,57-66 und 28,1-10)

Das Kreuzmemory heißt so, weil in einigen Spielvarianten die Kärtchen in Form eines Kreuzes abgelegt werden. Die Kartenpaare, die zum gleichen Abschnitt der Passions- und Ostergeschichte gehören, haben jeweils dieselbe Farbe.

Die Bildkarten (S. 108-117) werden auf stärkeres Papier kopiert und ausgeschnitten. Ebenso werden die Kärtchen mit den verschiedenen Spielmöglichkeiten (S. 118) ausgeschnitten.

Die schwarz-weißen Bildkarten werden von den Kindern mit Holzstiften ausgemalt.

Illustration – Kreuzmemory:
© Uli Gutekunst, www.uli-gutekunst.de

108 Kreuzmemory

Einzug in Jerusalem

 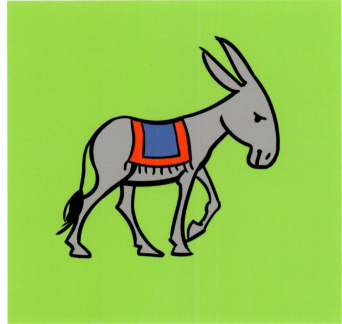

Esel

Palmzweige

Illustration – Kreuzmemory:
© Uli Gutekunst, www.uli-gutekunst.de

Kreuzmemory 109

Einzug in Jerusalem

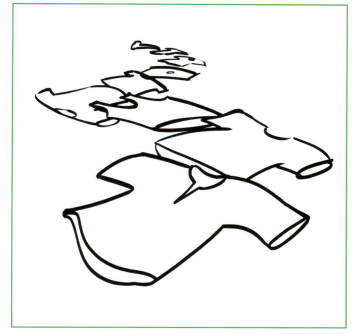
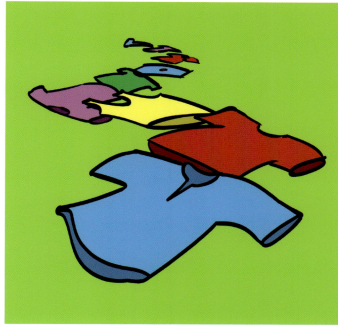

Kleider

Noten - Hosianna

Illustration – Kreuzmemory:
© Uli Gutekunst, www.uli-gutekunst.de

Kreuzmemory

Das letzte Mahl und Gethsemane

Brot und Wein

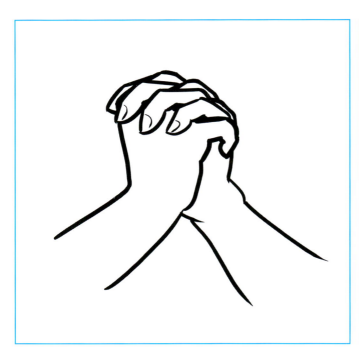 

betende Hände

Illustration – Kreuzmemory:
© Uli Gutekunst, www.uli-gutekunst.de

Das letzte Mahl und Gethsemane

Kuss

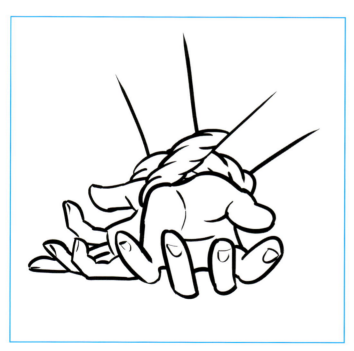 

gefangen

Illustration – Kreuzmemory:
© Uli Gutekunst, www.uli-gutekunst.de

Kreuzmemory

Die Verleugnung des Petrus

Schwurhand

Feuer

Illustration – Kreuzmemory:
© Uli Gutekunst, www.uli-gutekunst.de

Die Verleugnung des Petrus

abwehrende Hände

Hahnenschrei

Illustration – Kreuzmemory:
© Uli Gutekunst, www.uli-gutekunst.de

Kreuzmemory

Kreuzweg Jesu

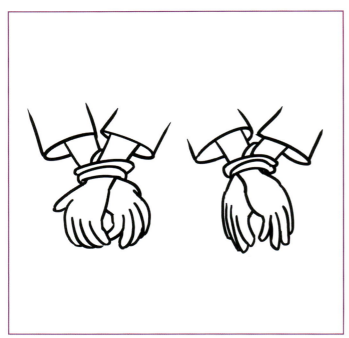

Jesus vor Pilatus

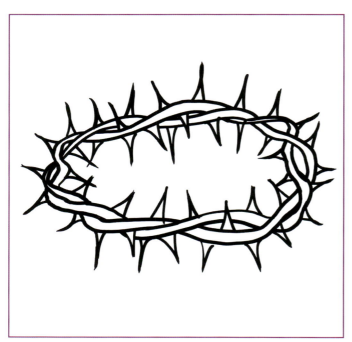

Dornenkrone

Illustration – Kreuzmemory:
© Uli Gutekunst, www.uli-gutekunst.de

Kreuzmemory 115

Kreuzweg Jesu

Jesus Trägt sein Kreuz

 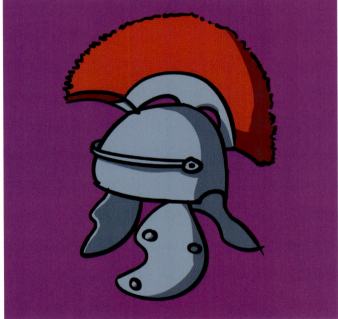

Der Hauptmann

*Illustration – Kreuzmemory:
© Uli Gutekunst, www.uli-gutekunst.de*

116 Kreuzmemory

Auferstehung Jesu

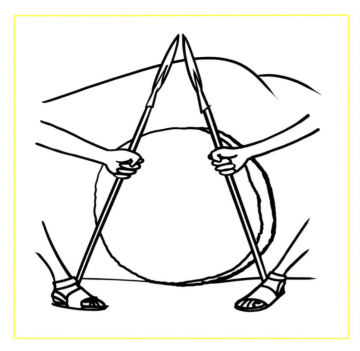

Bewachtes Grab

Auf dem Weg zum Grab

Illustration – Kreuzmemory:
© Uli Gutekunst, www.uli-gutekunst.de

Kreuzmemory 117

Auferstehung Jesu

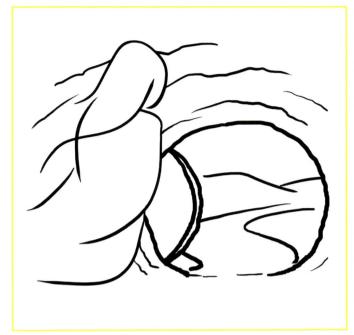

Der Engel im leeren Grab

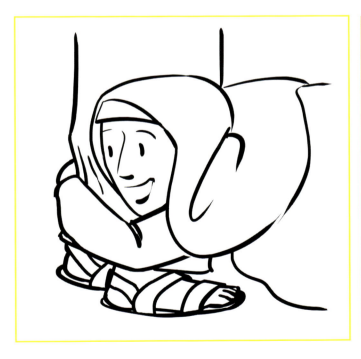

Maria begegnet dem Auferstandenen

Illustration – Kreuzmemory:
© Uli Gutekunst, www.uli-gutekunst.de

Kreuzmemory

Kreuzmemory – Spielmöglichkeiten

1

Es werden nur entweder die selbst ausgemalten oder die bereits farbig illustrierten Karten verwendet.

Verdeckt hebt der erste Spieler eine Karte ab. Am Symbol versucht er zu erkennen, zu welcher Geschichte es gehört, und legt die Karte da ab, wo sie im Kreuz ihren Platz hat. Wenn er die Geschichte richtig benannt hat und die Karte an der richtigen Stelle liegt, darf er solange weiter vom Stapel Karten ziehen und legen, bis er einen Fehler macht. Dann ist der nächste Spieler dran.
Jede richtige Platzierung gibt einen Punkt.

Spielt jemand das Spiel alleine, kann man alle Karten an die jeweils vermutete Stelle zum Kreuz zusammenlegen. Sind alle Karten gelegt, prüft man, ob man es richtig gemacht hat.

2

Die selbst ausgemalten und die bereits farbig illustrierten Karten werden getrennt. Die einen werden auf dem Tisch sichtbar ausgelegt. Die anderen Karten legt man verdeckt als Stapel ab.

Nun zieht der erste Spieler eine Karte vom Stapel und behält die Karte für die anderen verdeckt auf der Hand. Er beschreibt seiner Nebensitzerin dann, was auf der Karte zu sehen ist, und erzählt ihr den Teil aus der Geschichte. Die Nebensitzerin versucht nun, die passende Karte auf dem Tisch zu finden und im Kreuz an die richtige Stelle abzulegen.

Wird die falsche Karte ausgesucht, muss die Geschichte nochmals ausführlicher erzählt werden.

3

Die selbst ausgemalten und die bereits farbig illustrierten Karten werden getrennt. Die einen werden auf dem Tisch sichtbar ausgelegt. Die anderen Karten legt man verdeckt als Stapel ab.

Nun zieht der erste Spieler eine Karte vom Stapel und behält die Karte für die anderen verdeckt auf der Hand. Er beschreibt allen in der Gruppe, was auf der Karte zu sehen ist und erzählt den Teil aus der Geschichte.

Alle versuchen nun, die passende Karte auf dem Tisch zu finden. Wer die richtige Karte als erstes findet, darf sie im Kreuz an die richtige Stelle ablegen.
Er darf dann die nächste Karte vom Stapel nehmen und erzählen.

4

Natürlich kann das Kreuzmemory auch als übliches Memory gespielt werden.

Es werden alle Karten (die bereits farbig illustrierten und die selbst bemalten) verdeckt und gut gemischt auf dem Tisch verteilt. Gefunden werden müssen die beiden Karten mit demselben Symbol. Es dürfen immer zwei Karten umgedreht werden. Gehören sie zusammen, darf man sie behalten und nochmals zwei Karten umdrehen. Passen sie nicht, kommt der nächste Spieler dran.

Das Memory-Spiel kann noch so erweitert werden: Hat man ein richtiges Kartenpaar gefunden, behält man eine Karte für sich. Die andere wird im Kreuz an die richtige Stelle gelegt.

Osterentdeckertour
Ein Stationengang durch die Passions- und Ostergeschichte für Ältere

Autorin: Simone Straub

1. Vorbemerkungen

Die letzten Tage im Leben Jesu bilden die Grundlage für einen »Kindergottesdienst on tour«. Die allermeisten Kindergottesdienstkinder werden die Passions- und Ostergeschichte bereits gut kennen. Durch das gemeinsame Gehen von einer Kreuzwegstation zur nächsten erleben die Kinder ansatzweise, wie sich der Weg zum Kreuz für Jesus gestaltet hat. Indem sie nun den Weg Jesu nachgehen, erleben sie die bereits bekannten Geschichten elementarer und nochmals anders.

Die Kinder machen sich als Gruppe auf den Weg und erleben an unterschiedlichen Stationen einen kleinen Teil der Passionsgeschichte. Sie erleben die Freude, die in Jerusalem geherrscht hat, als Jesus auf einem Esel in die Stadt einzog. Sie hören die Geschichte vom letzten Abendmahl Jesu und stärken sich selbst bei Brot und Saft. Sie lernen Petrus und seine Angst kennen, als dieser Jesus verleugnet hat. Sie hören von der Trauer der Jünger, als Jesus gekreuzigt wurde, und sie erfahren vom Osterjubel, als Jesus auferstanden ist.

Die Kinder werden an den Stationen, die sie auf ihrem Weg besuchen, ganz verschiedene Situationen vorfinden. Die einzelnen Orte wirken zum Teil für sich selbst (Gasthaus/Friedhof/Kirche), andere Orte müssen gut vorbereitet werden. Durch das Lösen von verschiedenen Rätseln an den Stationen erfahren die Kinder, wie der Weg weitergeht und wo die nächste Station zu finden ist.

Wir haben diesen bewegten Gottesdienst in unserem Dorf am Ostermontag gefeiert. Der Gottesdienst begann vor der Kirche und ging weiter zu einem Hof mit Eseln, zu einem Hühnerstall, in ein Gasthaus, auf den Friedhof und in die Kirche. Der Ablauf an allen Stationen ist ähnlich, nur die Geschichte und das Rätsel ändern sich. An allen Stationen steht ein Gegenstand, eine Person, ein Ereignis oder ein Tier im Mittelpunkt. Immer wird ein Teil der Passions- bzw. Ostergeschichte erzählt und immer dürfen die Kinder zur Geschichte ein Rätsel lösen.

An jeder Station kann immer der gleiche Erzähler auftreten (eventuell verkleidet) oder die Mitarbeitenden teilen die einzelnen Stationen untereinander auf. So können auch noch ungeübte Erzähler mit einer Geschichte einsteigen. Insgesamt dauerte unsere Tour ca. 90 Minuten.

In unserer Landgemeinde haben wir das Glück, sowohl mehrere echte Esel im Dorf zu haben, als auch Familien, die Hühner halten. Die hier vorgestellte Tour durch den Ort muss sicher den eigenen Gegebenheiten angepasst werden. Aber mit etwas Kreativität lässt sich die Tour auf jede Ortschaft übertragen. Wer z. B. keinen echten Esel hat, kann sich auch mit einem Plüschesel behelfen. Auch die Orte sind variabel: So kann die Station 2 z. B. statt auf einem Bauernhof auch am Stadttor oder am Ortseingang stattfinden. Auch die Rätsel können nur als Ideenpool dienen, da die Kinder ja die nächste Station in ihrem Ort finden sollen.

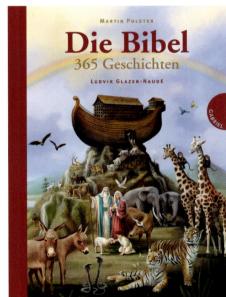

Die Kinder wurden mit Handzetteln zu diesem Gottesdienst eingeladen. Auf dieser Einladung wurde auch auf wetterfeste Kleidung und geeignetes Schuhwerk hingewiesen.
Als Grundlage für die erzählten Geschichten kann die Kinderbibel von Martin Polster dienen:
    Die Bibel: 365 Geschichten, Thienemann Verlag, Stuttgart 2015
    ISBN: 978-3-522-30384-2

Osterentdeckertour

2. Die einzelnen Stationen

Station 1
- *Gemeinsamer Beginn*
- *Ort: vor der Kirche*
- *Benötigt werden: Liedblätter, Stifte, Gitarre*

Ablauf
- Votum und Begrüßung
- Einführung
- Lied: Gib uns Ohren, die hören (KuS 496 / KG 195 / LJ 534 / MKL2 38)
- Rätsel
- Lied: Gib uns Ohren, die hören

Lösungsworte:
- OSTERMONTAG
- KIDSGOTTESDIENST
- ACHT
- JESUS
- FASTENZEIT
- WOCHEN
- GEFASTET
- VIERZIG
- WÜSTE
- PAPPELAU
- TEAM
- RÄTSEL
- BUCHSTABEN
- STATION

Lösungssatz:
Geht dorthin, wo zwei Esel leben.

Beispiel für ein Rätsel an der Station 1
Einzelne Lösungsbuchstaben sind in dem Rätsel mit Zahlen markiert. In die richtige Reihenfolge gebracht, ergeben sie den gesuchten Lösungssatz.

Heute ist nicht Sonntag, sondern __ __ __ __ __ __ __ __ __ __
                                       6   2   13   8   1

und wir feiern miteinander __ __ __ __ __ __ __ __ __ __ __ __ __ __ __ __.
                                    5   26

Alle Kinder zwischen __ __ __ __ und dreizehn Jahren sind dabei!
                         3

Miteinander wollen wir die Geschichte von __ __ __ __ __ hören.
                                  25

Die Zeit vor Ostern heißt auch Passionszeit oder __ __ __ __ __ __ __ __ __ __.
                                          14   10

Manche Menschen verzichten in diesen sieben __ __ __ __ __ __ bewusst auf
                              15   11

Dinge. Auch Jesus hat einmal __ __ __ __ __ __ __ __. Und zwar __ __ __ __ __
                       16   17

__ __ Tage lang. Er hat sich an einen besonderen Ort zurückgezogen: Er ging

in die __ __ __ __ __.
     12   23

Wenn ihr euch jetzt auf den Weg durch __ __ __ __ __ __ __ macht,
                                  22

dann denkt daran, dass ihr ein __ __ __ __ seid. Also: Versucht gemeinsam
                        18

die __ __ __ __ __ __ zu lösen! Wenn ihr alle fehlenden Wörter gefunden
    7   19 21

habt, dann müsst ihr die markierten __ __ __ __ __ __ __ __ __ __ nur noch
                          24   9   20

richtig sortieren und schon wisst ihr, wo die nächste __ __ __ __ __ __ ist.
                                    4

Osterentdeckertour

Station 2 – Einzug in Jerusalem
- *Bibelstelle: Matthäus 21,1-11*
- *Ort: auf dem Bauernhof (möglichst mit Eseln)*
- *Benötigt werden: Liedblätter, Bibel, Rätselblätter, Stifte, Esel (echt oder als Stofftier) Gitarre*

Ablauf
- Lied: Gib uns Ohren, die hören (KuS 496/KG 195/LJ 534/MKL2 38)
- Erzählung
- Rätsel
- Lied: Gib uns Ohren, die hören

Lösungsworte:
- BETFAGE
- ÖLBERG
- JÜNGER
- DORF
- ESELIN
- HERR
- PROPHETEN
- ZION
- JUNGEN
- BEFOHLEN
- KLEIDER
- ZWEIGE
- HOSIANNA
- SOHN DAVIDS
- JERUSALEM
- NAZARETH

Lösungssatz:
Geht zum Essen und Trinken ins Gasthaus.

Beispiel für ein Rätsel an der Station 2
Sucht in der Bibel die Stelle Matthäus 21,1-11 und ergänzt im Rätsel die fehlenden Wörter.

Als sie nun in die Nähe von Jerusalem kamen, nach _ _ _ _ _ _ _ _ an
                                                       8 16   1

den _ _ _ _ _, sandte Jesus zwei _ _ _ _ _ _ voraus und sprach
      2   12

zu ihnen: Geht hin in das _ _ _, das vor euch liegt, und gleich werdet
                              15

ihr eine _ _ _ _ _ angebunden finden und ein Füllen bei ihr;
        33   14

bindet sie los und führt sie zu mir.
Und wenn euch jemand etwas sagen wird, so sprecht: Der _ _ _ bedarf ihrer.
                                               30 17

Sogleich wird er sie euch überlassen. Das geschah aber, damit erfüllt würde,

was gesagt ist durch den _ _ _ _ _ _ _ _, der da spricht:
                                  4   22

»Sagt der Tochter _ _ _: Siehe, dein König kommt zu dir sanftmütig
                      18

und reitet auf einem Esel und auf einem Füllen, dem _ _ _ _ _
                                               13 26

eines Lasttiers.« Die Jünger gingen hin und taten,
wie ihnen Jesus _ _ _ _ _ _ _ hatte,
              11   3

und brachten die Eselin und das Füllen und legten ihre _ _ _ _ _ _
                                         20   21

darauf, und er setzte sich darauf.
Aber eine große Menge breitete ihre Kleider auf den Weg; andere hieben
_ _ _ _ _ _ von den Bäumen und _ _ _ _ _ _ _ sie auf den Weg.
5   23   28   32

Die Menge aber, die ihm voranging und nachfolgte, schrie:
»_ _ _ _ _ _ _ dem _ _ _ _ _ _ _. Gelobt sei,
  9   19   25   27   10

der da kommt im Namen des Herrn! Hosianna in der Höhe.«
Und als er in _ _ _ _ _ _ _ _ einzog, erregte sich die ganze Stadt
                  6 33   7

und fragte: Wer ist der? Die Menge aber sprach: »Das ist Jesus, der Prophet
aus _ _ _ _ _ _ _ in Galiläa.«
    24   31   29

Station 3 – Das Abendmahl
- *Bibelstelle: Matthäus 26,17-29*
- *Ort: Gaststätte*
- *Benötigt werden: Liedblätter, Brot und Saft, Stifte, Einsetzungsworte auf Papierstreifen, Gitarre*

Ablauf
- Lied: Gib uns Ohren, die hören (KuS 496/KG 195/LJ 534/MKL2 38)
- Stärkung mit Brot und Saft
- Erzählung
- Rätsel
- Lied: Gib uns Ohren, die hören

Aufgabe an Station 3:
Für die Kinder ist im Gasthaus ein Tisch gedeckt mit Brot und Saft. Sie dürfen sich stärken. Der/die Erzähler/in knüpft an die Situation des gemeinsamen Essens und Trinkens an und erzählt die Geschichte, wie Jesus mit seinen Jüngern Abendmahl gefeiert hat.

Die Kinder erhalten nach der Erzählung alle Wörter der Einsetzungsworte einzeln auf Papierstreifen und versuchen, diese gemeinsam zu ordnen. Am Rand der einzelnen Streifen sind – wenn diese in der richtigen Reihenfolge untereinanderliegen – die verschiedenen Buchstaben des Wortes für die nächste Station zu lesen: Hühnerstall.

Osterentdeckertour

Station 4 – Die Verleugnung
- *Bibelstelle: Matthäus 26,69-75*
- *Ort: Hühnerstall mit Hahn*
- *Benötigt werden:*
  Liedblätter, Stifte, Hahn und Hühner (echt oder als Bild oder Stofftier), Gitarre

Ablauf
- Lied: Gib uns Ohren, die hören
- Erzählung
- Rätsel
- Lied: Gib uns Ohren, die hören

Aufgabe an Station 4:
Die Kinder suchen rund um den Hühnerstall acht gekochte Eier. Auf jedem Ei ist ein Buchstabe geschrieben. Wenn die Eier richtig sortiert werden, erhalten sie den Hinweis auf die nächste Station: Friedhof.

Station 5 – Kreuzigung Jesu
- *Bibelstelle: Matthäus 27,31-56*
- *Ort: Friedhof*
- *Benötigt werden:*
  Liedblätter, Stifte, Rätsel, Puzzle von der eigenen Kirche, Gitarre

Ablauf
- Lied: Gib uns Ohren, die hören
  (KuS 496 / KG 195 / LJ 534 / MKL2 38)
- Erzählung
- Puzzle
- Lied: Gib uns Ohren, die hören

Aufgabe an Station 5:
Nach der Erzählung von der Kreuzigung Jesu erhalten die Kinder Puzzleteile. Wenn sie diese Puzzleteile richtig zusammensetzen, ist auf der Vorderseite das Bild der eigenen Kirche mit geöffneter Tür zu erkennen.

Um es etwas schwieriger zu machen, kann auch ein stark vergrößerter Ausschnitt von einem Detail in der Kirche auf dem Puzzle zu erkennen sein. Die Kinder müssen dann zusätzlich erraten, dass es sich um ein Detail der Kirche handelt, und selbst kombinieren, dass dort die nächste Station ist.

Station 6 – Auferstehung
- *Bibelstelle: Matthäus 28,1-20*
- *Ort: in der Kirche*
- *Benötigt werden:*
  Liedblätter, Biblische Erzählfiguren, Teelichter, Gitarre

Ablauf
- Lied: Gib uns Ohren, die hören
  (KuS 496 / KG 195 / LJ 534 / MKL2 38)
- Erzählung
- Lied:
  Du verwandelst meine Trauer
  (KuS 411 / LJ 508 / KG 198 / MKL1 9 / MKL2 26)
- Kerzenaktion
- Vaterunser
- Segen

Zum Ablauf an Station 6:
In der Kirche ist mit Biblischen Erzählfiguren bzw. Eglifiguren die Szene gestellt, wie Maria von Magdala und Maria zum Grab kommen und dieses leer ist.

Nach der Erzählung darf jedes Kind eine Kerze anzünden und zu den Frauen stellen, als Zeichen dafür, dass das Leben von Maria und Maria von Magdala wieder hell wird. Diese Kerzen dürfen die Kinder nach dem Gottesdienst mitnehmen. So tragen sie das Osterlicht in die eigenen Familien.

• **Variante**
Zu dieser Station könnte auch nur ein Foto der Szene mit Erzählfiguren aufgstellt werden (siehe S. 62 ff. in diesem Buch).

»Hosianna! Er ist da«
Gestaltungsideen zu einem Palmsonntags-Lied (KuS 106)

Autor: Frank Widmann

1. Begleitung mit einfachem Rhythmus

Idee
Kinder haben Spaß an Rhythmus (und Krach). Sie greifen gerne zu einem Rhythmusinstrument oder machen Klatschspiele. »Percussion« reißt mit und eignet sich deshalb für fröhliche Lieder besonders. Am Besten bekommt nur der Kehrvers eine rhythmische Begleitung, damit das Lied nicht »überfrachtet« wird.

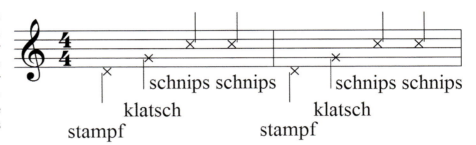

Methodische Schritte
1. Es ist sinnvoll, mit den Kindern zuerst das Lied zu üben. (Eine Idee dazu siehe Seite 125) Erst dann sollten sie den Rhythmus dazu ausprobieren.

2. Die Kinder werden in drei Gruppen aufgeteilt: die einen stampfen, die zweiten schnipsen, die dritten klatschen.

3. Eine erwachsene Person zählt den Takt des Liedes vor.
   Gruppe 1 stampft auf Zählzeit 1 (ein paar Takte laufen lassen, bis die Kinder sicher sind).
   Gruppe 2 klatscht auf Zählzeit 3 (ein paar Takte laufen lassen, bis die Kinder sicher sind).
   Gruppe 3 schnipst auf Zählzeiten 3+4 (ein paar Takte laufen lassen, bis die Kinder sicher sind).

4. Wenn der Rhythmus »sitzt«, singt der/die MA mit den Kindern den Refrain dazu.

5. Sind die Kinder sicher, kann nun das ganze Lied gesungen werden. Immer beim Refrain setzt dann der Rhythmus ein. Eventuell muss der/die Mitarbeiter/in am Anfang noch den Takt laut zählen.

Material
Prinzipiell ist kein Material notwendig.
Für die Variante mit Instrumenten braucht es:
- Trommeln, Cajons, Tamburins o.ä.
- Rätschen, Guiros („Ratschgurken"), Rasseln o.ä.
- Claves (Klanghölzer) o.ä.

Variante/Differenzierung
Wie oben, nur mit einfachen Rhythmusinstrumenten (s. Material)
Zählzeit 1: Trommel, Cajon o.ä.
Zählzeit 2: Rätschen, Guiro (»Ratschgurke«), Rassel o.ä.
Zählzeiten 3+4: Claves (Klanghölzer) o.ä.

Lied: »Hosianna! Er ist da« – Gestaltungsideen

2. Begleitung mit »Zweiklängen«

Idee
Begleitung mit Boomwhackers.

Boomwhackers sind Kunststoff-Rohre, die durch ihre verschiedene Länge beim Schlagen verschiedene Töne von sich geben.

Boomwhackers eignen sich gut für die Begleitakkorde eines Liedes. (Sie sind nicht so laut, dass sie den Gesang übertönen.) Am Besten begleitet man nur den Kehrvers eines Liedes, den die Kinder auswendig können.

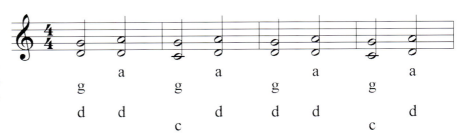

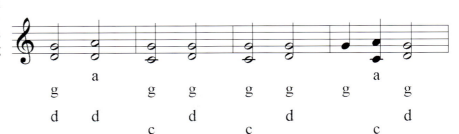

Methodische Schritte
1. Jedes Kind bekommt ein Rohr und schlägt es auf die freie Hand. Die Kinder dürfen ausprobieren, wie es am besten klingt. (Es ist auch möglich, mit zwei Rohren zu musizieren. Allerdings klingen die Boomwhackers beim Zusammenschlagen nicht so laut und es schmerzt mit der Zeit, wenn man sich auf die Schenkel haut.)

2. Eine Leitungsperson teilt nun vier Kindern Töne zu: C, D, G und A

3. Immer zwei Kinder spielen »Zweiklänge«. Eine Leitungsperson »dirigiert« und gibt die Einsätze. Am besten spielen zuerst die beiden tiefen Töne, dann die hohen Töne, dann beide »Stimmen« gemeinsam. Geübte Kinder können sicher auch schon die Noten lesen. Es wird nicht auf Anhieb klappen, aber das Üben macht sicher viel Spaß! (Zur Hilfe kann jedes Kind ein »Notenblatt« bekommen, auf dem seine Töne markiert sind.)

4. Wenn die Kinder die Begleitung beherrschen, kann das ganze Lied gesungen werden. Immer zum Refrain setzen die »Musikanten« ein.

Material
Boomwhackers (C-Dur-Tonleiter)

Die einfachen Begleitungen sind mit einer C-Dur-Tonleiter zu bewerkstelligen. Wer musikalisch gewandt ist und auch Halbtöne besitzt, kann das Ganze natürlich noch zu vollen Dreiklängen ausbauen.

Variante
Selbstverständlich kann man auch gut statt Boomwhackers Xylophon- oder Metallophon-Stäbe benutzen.

3. Schreittanz

Man kann den Einzug in Jerusalem beim Kehrvers mit einer einfachen Schrittfolge darstellen:

Schritte (immer zwei pro Takt): links, rechts, links, Wiegeschritt (4x pro Kehrvers)

Lied: »Hosianna! Er ist da« – Gestaltungsideen

4. Einführung des Liedes

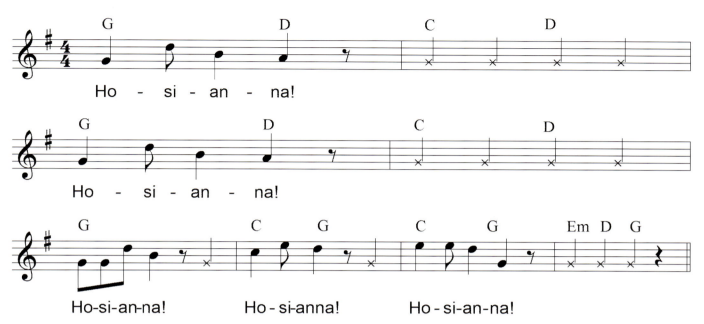

© Melodie: Frank Widmann

Methodische Schritte

Das Lied kann folgendermaßen nach und nach eingeführt werden:

1. Die Kinder lernen und singen jeweils nur die ersten Textteile. Der Rest wird geklatscht (siehe Noten).

2. Die Kinder singen je die erste Texthälfte, die Mitarbeitenden die zweite Hälfte.

3. Die Teile A und B werden auf zwei Gruppen aufgeteilt gesungen.

4. Alle singen alles.

»Nie mehr geh ich ganz alleine«
Gestaltungsideen zu einem Oster-Lied (KuS 136)

Autor: Frank Widmann

1. Begleitung mit einfachem Rhythmus

Idee
Kinder haben Spaß an Rhythmus (und Krach). Sie greifen gerne zu einem Rhythmusinstrument oder machen Klatschspiele. »Percussion« reißt mit und eignet sich deshalb für fröhliche Lieder besonders. Am Besten bekommt nur der Kehrvers eine rhythmische Begleitung, damit das Lied nicht »überfrachtet« wird.

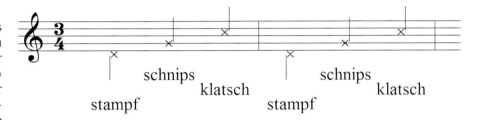

Methodische Schritte
1. Es ist sinnvoll, mit den Kindern zuerst das Lied zu üben.
2. Die Kinder werden in drei Gruppen aufgeteilt: die einen stampfen, die zweiten schnipsen, die dritten klatschen.
3. Eine erwachsene Person zählt den Takt des Liedes vor.
   Gruppe 1 stampft auf Zählzeit 1 (ein paar Takte laufen lassen, bis die Kinder sicher sind).
   Gruppe 2 schnipst auf Zählzeit 2 (ein paar Takte laufen lassen, bis die Kinder sicher sind).
   Gruppe 3 klatscht auf Zählzeit 3 (ein paar Takte laufen lassen, bis die Kinder sicher sind).
4. Wenn der Rhythmus „sitzt", singt der/die MA mit den Kindern den Refrain dazu.
5. Sind die Kinder sicher, kann nun das ganze Lied gesungen werden. Immer beim Refrain setzt dann der Rhythmus ein.

Material
Prinzipiell ist kein Material notwendig.

Für die Variante mit Instrumenten braucht es:
- Trommeln, Cajons, Tamburins o.ä.
- Rätschen, Guiros (»Ratschgurken«), Rasseln o.ä.
- Claves (Klanghölzer) o.ä.

Variante/Differenzierung
Wie oben, nur mit einfachen Rhythmusinstrumenten (s. Material)
Zählzeit 1: Trommel, Cajon o.ä.
Zählzeit 2: Rätschen, Guiro (»Ratschgurke«), Rassel o.ä.
Zählzeiten 3: Claves (Klanghölzer) o.ä.

Lied: »Nie mehr geh ich ganz alleine« – Gestaltungsideen

2. Begleitung mit »Zweiklängen«

Idee
Begleitung mit Boomwhackers.

Boomwhackers sind Kunststoff-Rohre, die durch ihre verschiedene Länge beim Schlagen verschiedene Töne von sich geben.

Boomwhackers eignen sich gut für die Begleitakkorde eines Liedes. (Sie sind nicht so laut, dass sie den Gesang übertönen.) Am besten begleitet man nur den Kehrvers eines Liedes, den die Kinder auswendig können.

Methodische Schritte

1. Jedes Kind bekommt ein Rohr und schlägt es auf die freie Hand. Die Kinder dürfen ausprobieren, wie es am besten klingt. (Es ist auch möglich, mit zwei Rohren zu musizieren. Allerdings klingen die Boomwhackers beim Zusammenschlagen nicht so laut und es schmerzt mit der Zeit, wenn man sich auf die Schenkel haut.)

2. Eine Leitungsperson teilt nun vier Kindern Töne zu: D, E und A

3. Immer zwei Kinder spielen »Zweiklänge«. Eine Leitungsperson »dirigiert« und gibt die Einsätze. Am besten spielen zuerst die beiden tiefen Töne, dann die hohen Töne, dann beide »Stimmen« gemeinsam. Geübte Kinder können sicher auch schon die Noten lesen. Es wird nicht auf Anhieb klappen, aber das Üben macht sicher viel Spaß! (Zur Hilfe kann jedes Kind ein »Notenblatt« bekommen, auf dem seine Töne markiert sind.)

4. Wenn die Kinder die Begleitung beherrschen, kann das ganze Lied gesungen werden. Immer zum Refrain setzen die »Musikanten« ein.

Material
Boomwhackers (C-Dur-Tonleiter)

Variante
Selbstverständlich kann man auch gut statt Boomwhackers Xylophon- oder Metallophon-Stäbe benutzen

Lied: »Nie mehr geh ich ganz alleine« – Gestaltungsideen

3. Kreistanz

Das Lied (Noten: KuS 136) handelt von der Osterfreude, die uns in die Beine fährt. Darum kann man es auch gut und gerne tanzen.

Hier ein Vorschlag für einfache Schritte:

Nie mehr geh ich ganz alleine.	*Mit Handfassung nach rechts gehen.*
Nie mehr verlier ich ganz.	*Zur Mitte gehen, gefasste Hände hoch.*
Hoffnung fährt mir in die Beine,	*Zurück gehen, Hände wieder herunternehmen.*
packt mich ein Freudentanz.	*Mit ausgebreiteten Armen um die eigene Achse drehen.*
Halleluja! Halleluja!	*Mit Handfassung Hopserlauf nach rechts.*
Halleluja! Halleluja!	*Mit Handfassung Hopserlauf nach rechts.*
Halleluja! Halleluja!	*Mit Handfassung Hopserlauf nach rechts.*
Halleluja! Halleluja!	*Mit Handfassung Hopserlauf nach rechts.*
Jesus bricht aus; niemand kann ihn mehr halten.	*Schritt zurück. Handfassung lösen.*
Der Tod ist ein hohler Wahn.	*In die Hocke gehen.*
Glauben kann seinen Charme fröhlich entfalten.	*Langsam aufstehen, Arme heben.*
Das Leben verschafft sich Bahn.	*Schritt nach vorne, Hände fassen.*